박팽년의 아버지,

朴 박중림 仲林

박원경·이복규 공저

중림출판사

머리말

사육신 박팽년을 모르는 한국 사람은 드물 겁니다. 하지만, 그 박팽년 아버지의 이름은?

한석당(閑碩堂) 박중림(朴仲林)! 시호는 문민공(文愍公)!

사육신에게 직계 후손이 있다니? 3대를 다 죽였는데 어찌 그 후손이 있단 말인가? 이런 의문을 가질 법합니다. 전설 같은 비화가 이긍익의 ≪연려실기술≫에 전해 옵니다. 단종 복위 사건 당시, 박중림은 아들인 박팽년과 거기 가담했다가, 정창손의 사위 김질의 밀고로 1456년 6월 8일(음력) 죽임을 당했는데, 그때 아들 박팽년의 둘째며느리가 사내아이를 출산했다지요. 아들이니 당연히 죽을 수밖에 없었지만, 그 몸종이 마침 자기가 갓 낳은 딸과 바꿔치기해서 극적으로 둘 다 살아남았답니다. 그 아내 이씨(李氏)가 대구의 교동(喬桐) 현감 이일근(李軼根)의 딸이라서 자청하여 대구로 가서 살았고, 이름을 박비(朴婢)라 하였다지요. 장성한 뒤 성종조 때, 이극균(李克均)이 그 지역 감사로 부임해 알아보고는 눈물을 씻으며 말하기를, "네가 이미 장성하였는데, 왜 자수하지 않고 끝내 조정에 숨기는가?" 하며 자수시켰답니다. 임금이 특별히 용서하고 이름을 일산(壹珊)으로 고쳤다죠.

성종 대 복권되기까지, 못골(지금의 대구 변두리)에 숨어 지낸 순천

못골 박 씨의 시조가 박중림 선생입니다. 현재 대구광역시 달성군 하빈면 묘리(못골)에 있는 육신사(六臣祠)에서 사육신과 함께 그 위패를 봉안하고 있습니다. 처음에는 박중림·박팽년 부자만 모셨으나, 충정공 박팽년 선생의 현손(玄孫)인 참봉 박계창(朴繼昌)의 꿈에, 당신들의 제사가 끊어진 데 대해 다섯 분이 심히 서글픈 안색을 띠고 있는 모습을 보고 나서부터 함께 제사 지냈다는 기록이 ≪승정원일기≫에 나옵니다.

박중림 선생 관련 기사가, ≪조선왕조실록≫에서 100여 건이 확인됩니다. 경기 감사, 대사헌, 예문관대제학, 집현전제학, 형조판서 등을 역임한 인물로서 사육신인 성삼문과 하위지 등이 스승같이 모신 분입니다. ≪홍재전서≫에도 박중림에 대한 기사가 실려 있었으나, 특별히 새로운 내용은 없습니다.

비중 있는 인물이지만, 이분을 따로 다룬 책은 아직 없습니다. 1456년 사육신과 함께 순절한 후, 남긴 글이 모두 사라지고 말아 안타깝기 짝이 없습니다. 사육신의 글은 효종조에 와서 『육선생유고(六先生遺稿)』로 그 일부나마 출판되어 전하고 있으나, 한석당 박중림 선생의 글은 단 한 편도 전하는 게 없습니다. 이 책이 출간되어 이분 연구가 많이 이루어졌으면 좋겠습니다.

역신으로 낙인찍혀 문집이 없고 동료들의 문집에서도 관련 글을 찾아볼 수 없어, 오직 ≪조선왕조실록≫ 기사를 중심으로, 이분의 면모를 드러내 보았습니다. 주지하듯 ≪조선왕조실록≫은 공식적인 기록이라, 일상생활이나 교우, 사제 관계 등의 일화는 찾아보기 어렵습니다. "어려서부터 너그럽고 어질었으며 매우 무게가 있었다. 그 뜻과 기운이 평범하지 않았다. (중략) 성품이 매우 효성스러워, 모친의 병환에 손가락을 깨물어 피를 내 하늘에 기도드렸다. 상을 당하자 3년간 시묘살이를 하였다"라는 ≪순암집(醇庵集)≫의 기록이 있을 따름입니다. 처형당할 때의 일화도 여기에만 전하고 있습니다. 따라서 여늬 전기문처럼 생애 순서를 따라 서술할 수는 없기에, 다른 방법을 생각했습니다.

첫째, 박중림이 등장하는 ≪조선왕조실록≫과 ≪순암집≫ 기사 가운데 중요한 것들을 골라 음미했습니다. 살아생전의 행적을 담은 것, 사후의 평가나 추모 관련 기사들이 그것입니다. 장릉(단종릉) 배식단에 고하는 정조의 축문은 정조의 ≪홍재전서≫ 기록을 활용하였습니다. 앞에서 말한 대로, 어린 시절의 효행담과 처형 당시의 일화는 ≪순암집≫의 기록을 참고해 추가하였습니다.

둘째, 실록의 기사 가운데 위에서 다루지 않은 박중림의 말과 글을 모아 따로 제시했습니다. 맨 끝에 우리 나름으로 약간의 해석을 보탰습니다.

셋째, 부록으로, ≪순암집≫, ≪연려실기술≫, ≪국조보감≫, ≪승정원일기≫, 비문, ≪한국민족문화대백과사전≫의 〈박중림〉 항목, 제수받은 관직 목록을 실었습니다. ≪연려실기술≫에 박중림은 나오지 않지만, 박팽년을 비롯해 단종복위운동 참여자들에 대해 당시

어떻게 조사하였고, 당사자들의 반응은 어땠는지 생생히 전해 주고 있어 전문을 다 실었습니다. ≪승정원일기≫와 함께 한국고전번역원 사이트에 공개된 국역본을 전재하였습니다.

지금 서울특별시 정동에는 박중림의 이름을 딴 중림문화센터가 있습니다. 문종의 좋은 스승이었던 박중림 선생의 정신을 기리기 위해 그 후손인 박원경이 제공하는 공간으로서, 은퇴한 교사와 교사들이 주도하는 여러 모임이 있습니다. 중림문학회를 비롯하여 여러 인문학 모임이 활발하게 펼쳐지고 있는바, 사도 정신의 플랫폼과도 같습니다. 이 센터에서 만나 함께 공부하고 있는 우리 두 사람이 함께 책을 내는 것도 기묘한 인연입니다. 문민공 박중림 후손과 태조 이성계 후손의 합작이니 말입니다.

선생이 1456년 6월 8일(음력) 서거한 지 566년째인 금년에 내는 이 책이 선생을 이해하는 데 길잡이 구실을 했으면 좋겠습니다. 15세기 전반기라는 특정한 시대를 치열하게 살다 간 이분의 말과 행실에서 오늘을 살아가는 지혜를 얻고 자세를 가다듬었으면 하는 바람입니다. 그 시기 조선 사회의 단면도 엿보는 기회가 되기를 희망합니다.

박중림 선생 서거일을 기념하며
2022년 6월 8일
박원경·이복규 삼가 씀

차례

I. ≪조선왕조실록≫·≪순암집≫ 속 박중림

1. 효성스러웠던 박중림 ──────────── 10
2. 세자를 가르친 박중림 ──────────── 16
3. 임금의 불교 행사 계획을 반대한 박중림 ────── 22
4. 종의 친부 확인 분쟁에 휩쓸린 박중림 ─────── 28
5. 문종의 지시를 받은 경기 감사 박중림 ─────── 39
6. 대사헌으로 추천받은 박중림 ──────────── 50
7. 안평대군(이용)의 처벌을 주장한 박중림 ────── 55
8. 왕비의 상복 입는 문제로 토론한 박중림 ────── 61
9. 단종 복위 사건의 가담자로 밝혀진 박중림 ───── 77
11. 반역 죄인으로 몰려 죽임당한 박중림 ─────── 91
12. 장릉(단종릉) 배식단 제사 대상자로 정해진 박중림 ─100

II. 박중림의 말과 글

1. 첨사원 설치를 반대하는 말 ---------- 110
2. 사간원을 사임하는 말 ---------- 113
3. 몇 가지 현안에 대한 상소문 ---------- 116
4. 죽음 앞에서 남긴 말 ---------- 124

III. 부록

1. 《순암집(醇庵集)》〔오재순(1727~1792)의 문집〕 ------- 130
2. 《연려실기술》〔이긍익(1736~1806)의 역사서〕 ---------- 136
   2-1. 육신(六臣)의 상왕 복위 모의[上王復位謀議] ------- 136
   2-2. 정난(靖難)에 죽은 여러 신하 ---------- 164
3. 《승정원일기》 ---------- 203
4. 《국조인물지》(1909) ---------- 224
5. 묘비문 : 문민공(文愍公) 한석당(閑碩堂) 박선생(朴先生) 사적비(事蹟碑) ---------- 227
6. 《한국민족문화대백과사전》의 '박중림' 항목 ---------- 233
7. 박중림이 제수받은 관직 목록 ---------- 236

≪조선왕조실록 속≫·≪순암집≫ 속 박중림

1

효성스러웠던 박중림

공은 어려서부터 너그럽고 어질었으며 매우 무게가 있었다. 그 뜻과 기운이 평범하지 않았다. 성장하여 경서에 정통하게 되자, 학문의 조예가 높고도 밝았다. 성품이 매우 효성스러워, 모친의 병환에 손가락을 깨물어 피를 내 하늘에 기도드렸다. 상을 당하자 3년간 시묘살이를 하였다.

－순암집(醇庵集)[오재순(1727~1792)의 문집]에 실린
〈이조판서증좌찬성(吏曹判書贈左贊成)[1]
박 공에게 시호를 내리도록 건의하며 올린 글[諡狀]〉

---

1 실록에서는 확인되지 않은 벼슬임.

****

　박중림이 관직에 나가기 전의 행적은 《조선왕조실록》에서는 확인할 수 없습니다. 단종 복위 운동의 주모자로 몰려 처형당해서 그랬겠지만, 당대 교유한 인물들의 글에서도 보이지 않습니다. 사후 300여 년쯤인 정조 임금 때, 시호를 내려달라고 건의하며 올린 오재순의 글에 나오는 단편적인 기록이 유일합니다. 바로 위에 보인 글입니다. 이 글을 자세히 음미함으로써 박중림의 사람 됨됨이를 살펴봅니다.

　먼저 주목할 대목은 "어려서부터 너그럽고 어질었"다는 표현입니다. 《조선왕조실록》에서 사람을 평가할 때 이 표현은 대부분 왕에게 적용하였습니다. 신하로서는, 권율과 박중림 두 사람밖에 없습니다. "너그럽고 어질"다는 것 즉 '관인(寬仁)'하다는 것은 최고 지도자인 임금이 갖추어야 할 덕목이라 여겼던 당대의 가치관을 엿볼 수 있습니다. 임금에게나 사용하던 이 말이 박중림한테 적용된 것은 무엇을 의미할까요? 의례적인 표현이 아니라 실제로 박중림의 품성이 그랬다는 것을 뜻하겠지요.

　훗날 단종 복위 운동 주모자로서, 평소에 직언을 서슴지 않았던 신하로서의 강직한 이미지와는 다소 어울리지 않는 이 표현, "어려서부터 너그럽고 어질었"다는 말 사이의 간격은 어떻게 이해하여야 할까요? 개인적인 관계에서는 "너그럽고 어질었"지만, 공적인 영역에서는 공동체의 유익을 위해 본성을 거스르거나 유보했다고 보면 어떨까 싶습니다. 그만큼 내면의 갈등을 많이 겪었으리라 여겨집니다. 이런

고민은 오늘날에도 마찬가지 아닐까요?

다음으로 주목할 대목은 "성품이 매우 효성스러워, 모친의 병환에 손가락을 깨물어 피를 내 하늘에 기도드렸다. 상을 당하자 3년간 시묘살이를 하였다"는 부분입니다. 효(孝)는 유교를 국시로 삼은 조선왕조에서 가장 중시하던 윤리였습니다. 충(忠)보다 더 우위에 두었지요. 전쟁에 출전한 장수가 부모의 상을 당하면 귀가하여 3년상을 치러야 하는 게 원칙일 정도였으니까요. 그러다보니, 임금이라도 불효하면 폐위시키곤 했습니다. 연산군, 광해군이 그런 경우지요.

박중림의 효행도 이와 같은 분위기에서 나왔다 하겠습니다. 어떤 효도를 했는지 아주 구체적으로 나와 있습니다. 어머니 병환에 자기 손가락을 깨물어 피를 내어 하늘에 기도하였고, 상을 당하자 3년간 시묘살이를 했습니다. "손가락을 깨물어 피를 내"었다는 것은, 그 피를 환자에게 먹인 행위를 뜻한다고 여겨집니다. 이른바 단지(斷指)입니다. 오늘날에야 수혈이라 하여 주사를 통해 피를 보강하지만, 근대적인 의술이 발달하기 전에는 직접 피를 내어 입에 넣곤 했지요.

모친의 병환 앞에서 박중림이 이런 정성을 기울이면서 하늘에 기도했다고 했습니다. 진인사대천명(盡人事待天命)이라는 말 그대로 한 것이지요. 자신이 할 수 있는 노력은 다하되, 나머지는 하늘에 기도함으로써, 절체절명의 위기 앞에서 초월적인 존재에 의지하기도 했다는 것을 알 수 있습니다. 공자도 자신의 병 낫기를 위해 하늘에 기도했다고 한 것처럼, 박중림은 모친을 위해 그런 것이지요. 조선시대가 효를 중시했다지만, 일부 효자, 효부만 손가락을 깨물어 피를 내어 먹여 드린 것으로 보이니, 박중림의 효행은 지극하다 하겠습니다.

시묘살이도 마찬가지입니다. 《주자가례》가 보급되면서 3년상은 널리 퍼져가고 있었으나, 시묘살이는 아직 보편화하지 않은 시기에, 박중림이 3년간 시묘살이한 것은 분명히 특기할 만하다 하겠습니다. 정조 시대의 인물인 오재순이 이 사실을 따로 언급하는 것을 보면, 정조 때에도 3년 시묘살이는 그리 흔한 일은 아니었던 것으로 여겨집니다. 정조 때 이루어진 《일성록》의 다음 기록을 보면 이렇습니다.

> 서울에 사는 효자 김한서(金漢瑞)의 일을 읽어 아뢰었다. 내가 일렀다.
> "3년 동안 시묘(侍墓)를 한 것은 보통 사람보다 훌륭하다."
> -《일성록》정조 7년(1783) 1월 23일

이 기록을 보면, 3년간 시묘살이하는 일은 조선후기에도 특별한 일이었던 듯합니다. 그랬기에, 김한서가 그렇게 했다는 보고를 받고, "보통 사람보다 훌륭하다"고 평가한 것이겠지요. 효자 관련 설화에서 시묘살이 이야기가 자주 등장하는 것도 어쩌면 현실에서는 귀한 일이기에, 효자로서의 정체성을 강조하기 위해 그런 것이라 할 수 있겠습니다.

여기서 한 가지 생각해 봅니다. 3년상, 3년간의 시묘살이… 왜 하필 3년(만 2년)을 강조했을까요? 부모님이 자식을 낳아 스스로 걷고 생활할 수 있을 때까지 품안에 품고 길러준 기간이 3년(만 2년)이기 때문입니다. 그 은혜를 생각하며 보답하기 위해, 최소한 3년(만 2년)을 상례 기간으로 권한 것이지요. 그게 인간의 도리라고 가르치고 있는 예법입니다.

"군사부일체(君師父一體)", "하나를 보면 열을 알 수 있다"는 말이 있습니다. 부모에게 효도하는 사람은 스승이나 임금에게도 공경과 충성을 다하는 법이지요. 박중림이 단종 복위 운동의 주모자로 참여한 일도 우연히 이루어진 게 아니라는 것을 알 수 있습니다. 모친의 병환을 위해 손가락을 깨물어 피를 내고, 돌아가시자 3년간 시묘살이를 할 정도로 효성스러웠던 그 마음이, 군주인 단종을 위해서는 목숨을 던지는 충성으로 표현되었다고 하겠습니다.

●●● 〈광신여묘〉_ 동국신속삼강행실도 : 서울대학교 규장각 한국연구원 소장
하광신은 어머니가 돌아가시자 여막을 짓고 3년간 시묘살이하였다.

●●● 〈석진단지(石珍斷指)〉_ 삼강행실도
유석진은 제 손가락을 베어 그 피를 병든 아버지에게 먹였다.

Ⅰ _《조선왕조실록 속》·《순암집》속 박중림   15

2

세자를 가르친 박중림

임금에게 유학의 경전을 강의하고 토론하는 경연(經筵)에 나아가서, 비로소 《육전(六典)》을 강론하였다. 임금(세종)이 말하였다.

"세자를 가르치는 서연관(書筵官)을 모두 겸직자인 겸관(兼官)으로 임명하니 불편하다. 최만리(崔萬理)와 박중림(朴仲林)이 들어와 세자에게 강의할 때, 세자(世子)가 이들에게 상당히 어려운 질문도 한 까닭은, 두 사람이 시종(侍從)한 지 오래 되어 서로 친해서 그랬다. 다른 관원(官員)은 날짜별로 교대(交代)하여 들어와 강의하다 보니 낯이 설어, 세자가 부끄러워 머뭇머뭇하며 질문하지 못했다. 이로 미루어 본다면, 서연관은 겸직을 없애고 별도로 전담관인 녹관(祿官)을 설치하여, 오랫동안 임명하여 그 임무만을 전담하게 함이 옳다."

그러자, 안숭선이 아뢰었다.

"녹관을 설치하여 정사(正士)를 골라 교양(敎養)을 전담하게 하는 게 매우 옳겠습니다."

임금이 말하였다.

"영의정, 우의정, 좌의정 이 세 의정(議政)에게 의논하여 아뢰라."

-세종실록 54권, 세종 13년(1431) 10월 29일

****

이 기사의 '세자'는 문종을 가리킵니다. 박중림이 세자인 문종의 서연관으로서 가르쳤다고 했습니다. 문종은 세종의 장남이자 세자로서, 세종이 승하하자, 3년상을 유교 예법에 따라 지극정성으로 모신 나머지, 극도로 쇠약해져 마침내 요절한 임금입니다. 적당히 효도를 했더라면 장수해 단종의 비극도 없었겠지요. 일반 백성이 아니라 한 국가를 책임지는 공인으로서는 지나쳤다 하겠습니다. 예절도 균형 또는 중용의 미덕을 지녀야 한다는 사실을 교훈하는 사례입니다.

위 기사를 이해하려면, 조선시대의 왕실 교육제도인 서연(書筵), 경연(經筵)을 알아야 합니다. 서연과 경연은, 왕과 왕세자가 덕망과 학식이 높은 스승한테 지속적으로 교육 받는 자리입니다. 세자 시절에는 서연관이, 왕위에 오른 다음에는 경연관이 이 일을 담당했습니다.

유교 이념으로는, 왕은 모두 성인(聖人)이어야 했으나 현실적으로는 그렇지 않았기에, 더 나은 스승을 두어 공부하게 한 것이지요. 세자의 서연관은 두 사람을 배정했다고 하지요. 한 사람은 학문 면에서, 한 사람은 인격 면에서 탁월한 사람을 골라 가르치게 했습니다. 요즘 용어로, 전인 교육을 지향했던 게지요. 서연과 경연에서 유학 경전만 공부한 것은 아닙니다. 토론 과정에서 당대 정치의 문제점을 자연스럽게 지적하기도 하였습니다. 오늘날에도 필요한 제도가 아닌가 합니다. 대통령이 만능은 아니니까요.

위 기사는, 박중림이 바로 세자와 임금인 세종의 서연과 경연을 담당하였다는 사실을 보여줍니다. 그것도 잠시가 아니라 꽤 오랫 동안 서연관 노릇을 해 왔다는 사실을 알 수 있습니다. 이 사실은 문종실록의 다음 기사에서도 확인할 수 있습니다.

"내가 동궁(東宮)에 있을 적에는 박중림(朴仲林)과 최만리(崔萬理)가 시학(侍學)이 되었으니, 지금도 이 예(例)에 의하여 서연관(書筵官) 중에서 적당한 사람을 선발하도록 하라."
-문종실록 3권, 문종 즉위년(1450) 9월 17일

서연관은 문과급제자 가운데 학문과 덕망이 뛰어난 사람을 선발하여 임명하였으므로, 박중림이 그 자리에 오래 있었다는 사실은 얼마나 신망이 두터웠는지 알게 해 줍니다. 최만리와 함께 세자 서연관

자리에 오래 있다 보니, 세자와 "서로 친해서", 어려운 질문도 스스럼 없이 하였다고, 세종이 좋아하는 장면이 위 기사에 나옵니다. 또한 이것을 근거로 삼아 제도 개선이 필요하다고 말합니다. 아마도 박중 림은 어떤 질문이든 친절하게 받아 주고 답변했던 게 아닐까 생각합 니다. 그랬기에 세자도 기탄없이 궁금한 것을 스승한테 물었겠지요. 그 시절의 교육이 마음에 들었기에, 왕이 되어서도 그 때의 스승을 떠올리며, 거기 견줄 만한 인물을 서연관으로 뽑으라고 지시했던 것 으로 여겨집니다. 박중림은 교육자로서도 성공했다 하겠습니다. 다 른 기록을 보면, 성삼문, 하위지 등도 아들 박팽년과 더불어 박중림 의 문하에서 배워 영향을 받았다니 말입니다.

겸직으로만 운영해서는 활발한 토론이 어려우니, 전담하는 녹관을 배치해야 사제간에 친밀감이 생겨, 세자가 무엇이든 궁금한 것을 묻 게 되리라는 세종의 생각을 읽을 수 있습니다. 일방적인 교육이 아니 라 쌍방통행적인 교육을 해야만, 일국을 다스리는 제왕으로서의 역 량을 지닐 수 있다는 판단이지요.

참고로, 세자시강원에서 세자와 신하가 아침 저녁으로 강론할 때의 규칙을 일부 보면 다음과 같습니다.

세자가 전에 배운 독음을 한 차례 왼다.
해석은 책을 보면서(임서) 한 차례 읽는다.
강관(講官)은 새로 가르치는 음을 한 차례 읽는다.

세자가 음을 한 차례 읽는다.

세자가 또 음과 해석을 각 한 차례씩 한다. (이하 생략)

이 기사를 보면, 강론의 내용은 읽기와 해석이었습니다. 본문을 읽어야만 해석을 하니 당연한 것이라 하겠습니다. 사제 간의 토론은 해석을 할 때 이루어졌으리라 생각합니다.

전인교육과 활발한 질문을 통한 토론 교육! 지금으로부터 딱 591년 전의 일이지만, 21세기인 오늘날에도 여전히 필요한 교육 아닐까요? 특히 지도자를 위한 교육 시스템 꼭 마련해야 하지 않을까요?

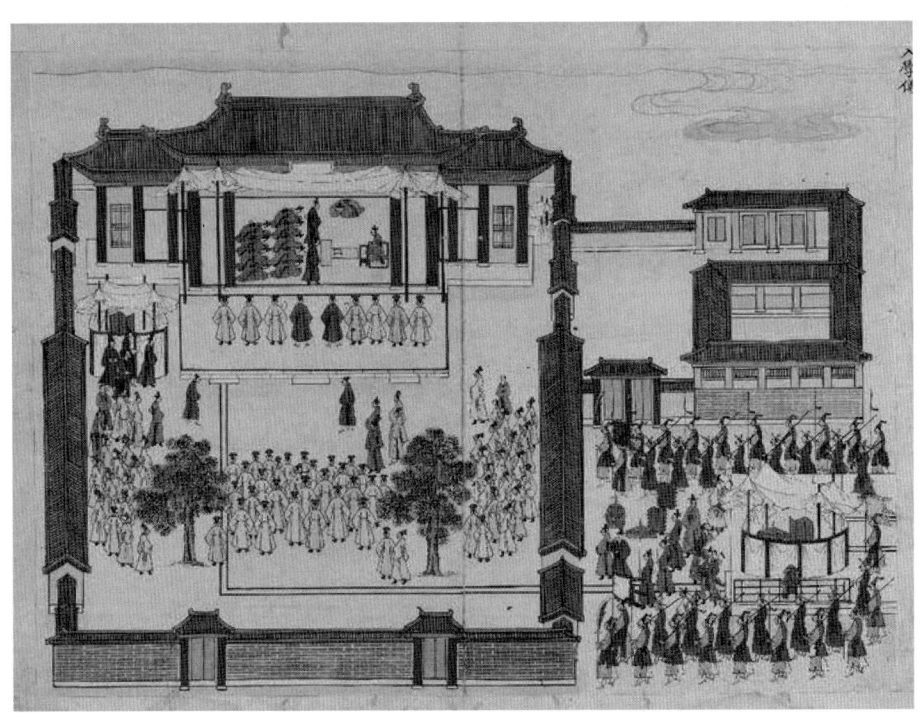

●●● 왕세자 입학도(入學圖) : 세자가 서연관한테 교육을 받는 모습을 그린 것.

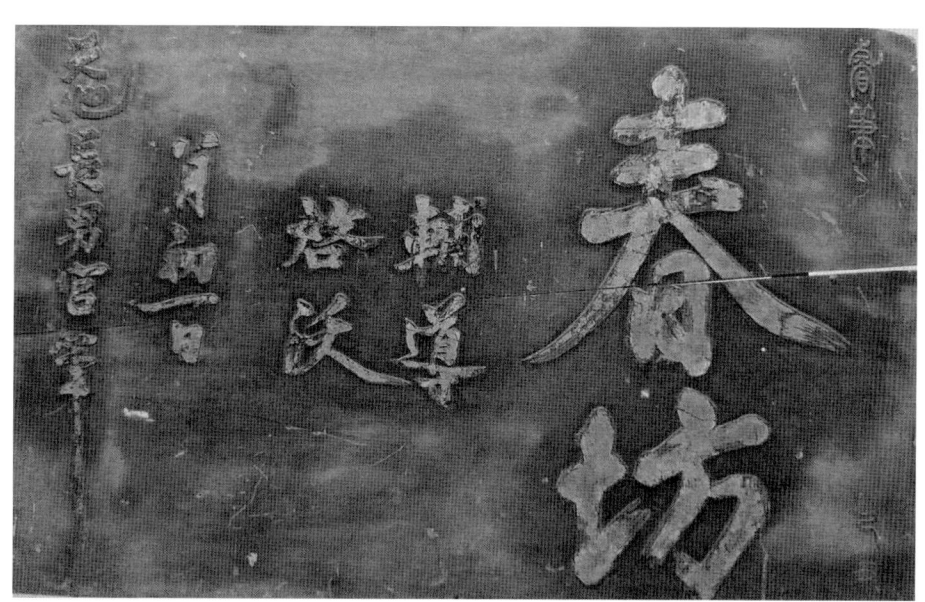

●●● 〈세자시강원에 걸려 있던 편액 : 춘방(春坊)〉
보도계옥(輔道啓沃)은 '잘 돕고 인도하되, 네 마음을 열어 내 마음에 물을 대듯이 하라'란 뜻이다.

3

임금의 불교 행사 계획을 반대한 박중림

좌사간(左司諫) 박중림(朴仲林) 사헌부 장령(司憲府掌令) 김맹헌(金孟獻) 등이 아뢰었다.

"저희의 말을 따라 경찬회(慶讚會)라는 불교행사를 그만두라 명하옵소서. 저희의 말은 변변치 못할지라도, 대신들의 요청은 허락하시기를 원하옵니다."

임금이 말했다.

"내가 대답하지 못하겠다."

박중림이 다시 아뢰었다.

"상감의 답변이 이 같으시니 저희는 깊이 민망스럽습니다. 저희 말이 이치에 거슬리는 것이라고 말씀하시면, 감히 번거롭게 아뢰지 못하겠사오나, 그냥 윤허하지 아니하시니, 저희는 답답하올 따름이옵니다."

임금은 답하지 아니하였다.

-세종실록 94권, 세종 23년(1441) 윤11월 19일

****

임금과 신하 간에 팽팽한 긴장감이 감도는 대화입니다. 이른바 종교 논쟁이 벌어진 것입니다. 세종은 불교 행사를 허용하려 하고, 신하 박중림은 반대합니다. 왜 반대하는지, 그 이유는 위에는 보이지 않으나, 이어지는 기사에 다음과 같이 나옵니다.

"전하께서 즉위하신 이후로 이 같은 일이 없었습니다. 이제 (경찬회를) 간략하게 베풀지라도, 국가에서 부처 위하는 일을 행했다는 소식을 들으면, 백성들이 모두 바람에 휩쓸리듯 본받아 그 폐단이 말할 수 없을 것입니다. 지금 이 일이 비록 적을지라도 그 해는 더욱 심하오니 급히 멈추시기를 청하옵니다. 하물며 의정부 육조 대간 집현전 삼관유생(三館儒生)이 모두 정지하기를 청하였으니, 국민 모두가 불가하다고 하는 것입니다. 그런데도 반드시 행하려고 하시니, 행하실 경우, 국가에 유익한 게 무엇입니까. 저희는 간절히 분함을 이기지 못하겠습니다."

-세종실록 94권, 세종 23년(1441) 윤11월 22일

불교행사인 경찬회를 허용하는 순간, 국가에서 불교 행사를 인정하는 것으로 해석해 따를 거라는 게 박중림의 주장입니다. 요즘 말로 백성에게 좋지 않은 메시지를 보낼 수 있으니 중지하라는 요청이었습니다. 하지만 세종은 단호했습니다.

"너희들은 말하기를, '즉위한 후로 이 같은 일이 없었다'고 하나, 예전에는 수리함이 없었으니 어찌 경찬회(慶讚會)가 있겠느냐? 이제 이미 수리하였기에 인하여 경찬회를 베푸는데, 무엇이 옳지 못하다고 하여 너희들이 굳이 청하느냐?"

이러면서 강행할 의사를 내비칩니다. 평행선을 긋는 논쟁이었습니다. 왜 이런 일이 벌어졌을까요? 조선의 종교적 특수성 때문입니다.
주지하듯, 조선왕조는 유교를 국시로 삼은 나라입니다. 불교의 나라 고려를 무너뜨리고 세운 나라로서 유교의 이상을 실현하려고 했지요. 한양 도성의 4대문의 이름을, 유교의 최고 미덕인 인(仁)·의(義)·예(禮)·지(智)를 따서 흥인지문(興仁之門), 돈의문(敦義門), 숭례문(崇禮門), 홍지문(弘智門)으로 짓고, 중앙에는 신(信)을 반영해 보신각(普信閣)을 둔 것이 대표적인 예입니다.
이렇게 조선은 불교 대신 유교(신유학)를 통치 이념으로 삼아 이른바 숭유억불(崇儒抑佛) 정책을 폈습니다만, 공식적으로만 그랬지, 실제적으로는 불교가 공존한 것이 조선의 실상입니다. 태조 이성계부터 무학대사를 옆에 두었고, 세종의 형인 효령대군은 불경언해에도 참여하는 등 불교 진흥에 공헌하였다는 것은 알려진 사실입니다. 세종도 소헌왕후의 명복을 위해 〈월인천강지곡〉이라는 찬불가를 짓는 것은 물론 궁궐 안에 내불당이란 사찰을 지어 불교신앙을 유지했습니다. 왜 그랬을까요?

유교가 지닌 종교적 약점 때문이라 할 수 있습니다. 유교 특히 신유학인 성리학에는 절대자도, 내세의 구원도 없습니다. 간단하게 말하면, 현세에서의 가치 있는 삶의 길은 제시하지만, 죽은 뒤 영혼의 구원 문제에 대해서는 말하지 않습니다. 그 부족한 부분을 채워주는 게 불교였습니다. 세종이 소헌왕후의 명복을 빌기 위해 부처의 힘을 빌고자 〈월인천강지곡〉을 짓고 내불당을 건립해 기도한 것은 자연스러운 일이었습니다. 유교와 불교는 양립이 가능하다고 본 것이지요. 현실 문제는 유교로, 영혼과 사후세계 문제는 불교로 해결하자는 것이 세종의 종교관이라 하겠습니다. 매우 합리적이라고 여겨집니다.

박중림의 생각은 달랐습니다. 유교만으로 충분하다는 것, 불교는 불필요할 뿐만 아니라 해롭다고 여겼습니다. 이는 조선 건국의 주역이었던 정도전의 생각을 잇는 것입니다. 정도전은 극단적일 만큼 불교를 배격했습니다. 불교의 논리를 허무한 것으로 비판하고 공격했습니다. 종교에 관한 한 좀 극단적인 생각을 가졌던 셈이지요.

윤11월 22일에 시작한 임금과 신하 간의 의견 대립은, 13일이나 지속되다가, 12월 3일에 이르러 마침내 세종의 폭탄 발언으로 종지부를 찍습니다. 박중림을 비롯해 자신의 의견에 반대하는 신하들에게 세종이 이렇게 선언했기 때문이죠.

"경들이 대궐에서 퇴근도 하지 않은 채 간(諫)한 지 오래였고, 나는 그것을 거절하였다. 옛사람이 이르기를, '세 번 간하여 듣지 아니하면 벼슬을 버리고 떠나간다'고 하였다. 경들은 왜 아직 떠나가지 않는가?"

-세종 28년(1446) 10월 9일

정 싫으면 관직을 버리고 가라는 최후 통첩을 날린 셈입니다. 여기에 나오는 '세 번 간하여 듣지 않으면 벼슬을 버리고 떠나간다'는 말은, 여러 나라가 공존하던 중국 옛 역사에서, 한 나라의 임금이 건의를 받아들이지 않으면 다른 나라로 옮겨가던 일을 반영한 것입니다. 조선이라는 나라 하나만 있는 당시 조선의 사대부한테는 적용하기 어려운 말이지만, 세종은 이렇게까지 충격적인 말을 한 것이지요. 유교도 중요하지만 때로는 불교도 포용해야 한다는 의지의 표현이라 하겠습니다.

이 말을 듣고 나서는 박중림을 비롯한 신하들이 더 이상 거론하지 않은 걸 보면, 신하들도 임금의 뜻을 확실하게 알아서 순종한 것으로 여겨집니다. 임금에게 최선을 다해 의견을 표현하고 토론하지만, 끝내 수용되지 않으면 그만둘 줄 아는 게 박중림을 비롯한 조선의 관료였다 하겠습니다. 물론 세종의 논리에도 일리가 있다고 수긍했기에 그랬겠지요? 세종의 초지일관하는 모습도 인상적입니다. 신하들에게 발언권을 주되, 자신의 의견이 타당하다고 확신하면 끝까지 관철하고야 마는 지도자의 모습을 보여줍니다. 세종처럼, 때로는 여론에 끌려가지 않고, 여론을 주도하고 압도하기도 하는 게 유능한 리더십 아닐까요? 종교들 간의 상호보완성에 대한 인식과 더불어 여전히 음미할만한 대목입니다.

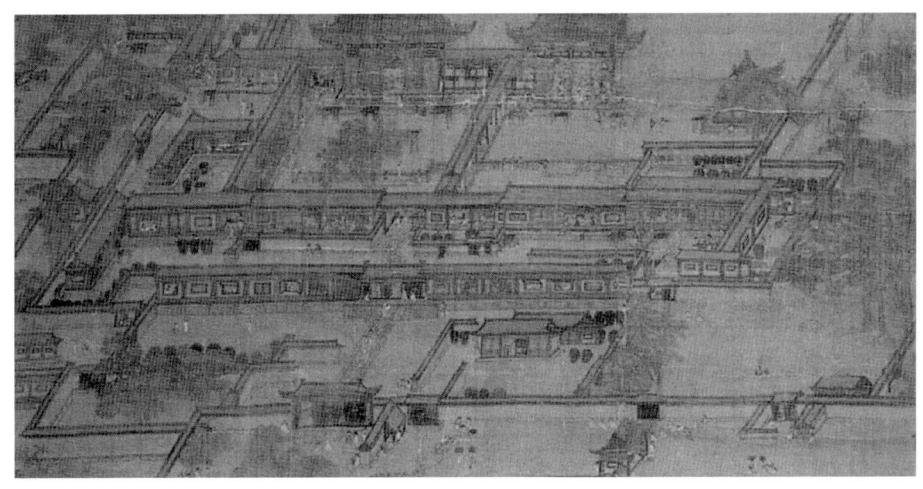

●●●내불당도 : 세종이 경복궁 안에 설치한 내불당의 그림

4

종의 친부 확인 분쟁에 휩쓸린 박중림

나이 11세~12세쯤인 어느 사내아이가 마을에 다니며 빌어먹다가 우연히 좌승지 박중림(朴仲林)의 집에 이르렀다. 남자 종이 보고 놀라면서 말하였다.

"이 아이는 주인(박중림)의 종 김삼(金三)의 아들 김산(金山)이군. 나이 9세 때 잃었는데, 간 곳을 알지 못하였지."

그러고는 어디 사는지 물으니, 아이가 죽산 현감(竹山縣監) 송중손(宋重孫)의 비부(婢夫:여자종의 남편) 천장명(千長命) 집을 가리켰다. 김삼(金三)이 가서 따지자, 천장명이 말하였다.

"이 아이는 내 아들 천보(千寶)이다."

이러면서 허락하지 않았다. 김삼이 형조에 소송(訴訟)하자, 형조에서 양가 부모와 마을 사람을 불러다 국문(鞫問:몽둥이로 때리며 조사)하니, 김삼의 아들이 맞다고 하였다.

사건이 거의 종결되어 갈 무렵, 참판 성염조(成念祖)가 이를 의심하였다. 이때에 형조에서 삼성(三省: 의정부 사헌부 의금부)으로 하여금 번갈아 국문(鞫問)하기를 청하자, 의금부에 내려보내어 삼성(三省)과 함께 처리하게 하였다.

-26.세종실록 114권, 세종 28년(1446) 11월 4일

****

살다 보면 구설수에 휘말릴 수도 있습니다. 박중림에게도 그런 일이 발생하였습니다. 행방불명되었다가 나타난 종의 친부가 누구냐 하는 문제로 귀양살이까지 하는 사건이 벌어집니다. 9년 전에 행방불명되었다가 나타난 아이가, 박중림 집 종의 아들(김산)인 줄 알았으나, 남의 집 종의 아들이라고 밝혀져 처벌받기에 이른 것이죠.

이 일로 박중림은 좌승지 신분으로서 의금부의 감옥에 갇히는 수모부터 겪습니다. 예조 정랑(禮曹正郎) 최암(崔庵), 이견의(李堅義), 신전(愼詮)과 좌랑(佐郞) 박인(朴璘)이 의금부에 들어가서 박중림(朴仲林)을 방문(訪問)했다는 죄로 옥에 갇히는 일도 발생합니다. 집현전 직제학 이계전(李季甸)이 글을 올려 이들을 변호하지요.

거의 한 달 만인 12월 2일, 이 일로 마침내 박중림은 파직을 당하기에 이릅니다. "강상(綱常)의 중대한 일"이라는 조정의 판단 때문이었습니다. 이들의 행동이 법을 어긴 것은 맞지만, 투옥된 사람을 찾아

가 보는 일은 아름다운 풍속이니 정상을 참작해 달라는 요청이었습니다. 이 건의가 받아들여져, 주동자를 제외한 나머지는 석방해 원상회복시킵니다. 법에도 눈물이 있다는 말을 떠오르게 하는 장면이라 하겠습니다. 죄를 지어 투옥된 박중림을 위해 위험을 무릅쓰고 방문한 관원들을 보면, 박중림은 인간관계가 원만한 편이라고 여겨집니다.

이 사건은 어떻게 전개되었을까요? 박중림은 의금부와 삼성의 국문을 받습니다. 박중림 종의 자식이 아니라고 의심한 성염조의 의견을 따른 것이지요. 성염조의 진술은 다음과 같았습니다.

"신이 형조 참판이 되었을 때 가노(家奴) 두을만(豆乙萬)이 말하기를, '이 아이는 천장명(千長命)의 아들 천보(千寶)가 틀림없습니다'고 하였습니다. 지금 형조에서 승지 박중림(朴仲林)의 종 김삼(金三)의 아들 김산(金山)으로 단정하려 하는데, 이 결정을 따르면 반드시 큰 죄를 입을 것이며, 하늘이 두렵습니다. 신의 어머니도 천장명(長命)의 아들이라고 하므로 신이 매우 의심했는데, 부임하고 나서 동료들에게 말하자 동료들도 모두 빙긋이 웃으면서 믿지 않았습니다."

—세종 29년(1447) 1월 24일

원래 국문을 받으면 몽둥이로 맞는 등 고문을 당해야 했습니다만 박중림은 고문은 면했습니다. 고문하지 말라는 세종의 특별한 지시

때문이었습니다. 그러자 의금부 관원들과 대사헌, 지사간 등이 이의를 제기합니다.

"박중림(朴仲林)이 천장명(千長命)의 아들 천보(千寶)를 자기의 종 김삼(金三)의 아들 김산(金山)으로 삼으려고 하니, 간사한 흔적이 이미 드러나서 숨길 수 없습니다. 온갖 방법으로 교묘히 꾸며서 아직도 죄를 자복(自服)하지 않으니, 마땅히 고문(拷問)하여 그 진실을 알아야겠습니다."

-세종 29년 3월 7일

이러면서 고문하게 해 달라고 하자, 세종이, "중림(仲林)은 나이가 많고 또 오래된 신하(舊臣)이니, 갑자기 고문하는 것을 내가 불쌍히 여기고 있다"면서, 고문을 허락하지 않습니다. 신하들이 다시 요청하자, 이번에는 정인지가 나서서 변호합니다.

"이 옥사(獄事)는 본디부터 부자(父子) 관계의 진위(眞僞)를 분별하기 위한 것입니다. 그 부모가 이미 일의 내용을 사실대로 말하고 모든 증거가 갖추어졌습니다. 중림(仲林)의 진술로 판결할 일이 아닙니다. 중림이 진실을 헛갈리게 한 죄는 끝까지 조사해야 하겠지만, 고문은 가하지 않아야 마땅합니다."

기다렸다는 듯이, 세종은 정인지의 의견을 따라, 박중림을 고문하지 않도록 배려합니다. 하지만 직첩(職牒:관직 임명장)을 회수당하고 여산군(礪山郡)으로 귀양을 가는 처벌을 받습니다. 자기네 종의 자식이 아닌데, 남의 집 종의 자식을 거짓으로 가로채려 했다는 죄목이었습니다.

이 처벌을 내리는 날의 기록에서 흥미있는 대목이 눈에 띕니다. 김삼(金三)과 삼가(三加)의 아들 김산(金山)이 아니라, 천장명(千長命)과 분이(粉伊)의 아들 천보(千寶)로 밝혀진 그 아이의 행동이 매우 해괴합니다. 해당 대목을 보이면 이렇습니다.

처음에 천장명(千長命)과 분이(粉伊)와 김삼(金三)과 삼가(三加)를 한 군데에다가 두고 천보(千寶)로 하여금 제 부모를 가려내라 하였다. 그랬더니, 천보(千寶)가 나이는 어리나 심히 간사하여, 원래 주인인 송중손(宋重孫)에게 붙고 싶을 때는 김삼(金三)과 삼가(三加)의 뺨을 치면서 욕설을 하고, 박중림(朴仲林)에게 붙고 싶을 때는, 천장명(長命)과 분이(粉伊)의 뺨을 치면서 욕설을 하였다. 이렇게 형편에 따라 이랬다저랬다 하는 바람에, 옳고 그름이 대중이 없고, 아비 어미를 함부로 바꾸니, 비록 천장명(千長命)의 아들이었어도 사람들이 의심하지 않을 수 없었다.
　　　　　　　　　　　　　-세종 29년(1447) 4월 5일

요새 같으면 유전자 검사를 해서 당장 부자 관계를 확인할 수 있는 일이지요. 하지만 당시로서는 당사자들의 진술만 갖고 판단해야 하는 상황에서 쉽지 않은 재판이었던 게지요. 게다가 핵심 증인인 그 아이가 여기 붙었다 저기 붙었다, 제 부모를 바꾸어 가며 지목했다니, 황당하였겠습니다(세종 31년 1월 26일자 기사에는 '거지 아이'라고 되어 있어, 제3자의 자식일 수도 있음). 그럼에도 불구하고 이 아이가 박중림 종의 자식이 아니라고 판결해 박중림은 여산으로 유배를 떠났으니 인생 일대의 오점을 남긴 셈입니다. 박중림이 나이들었으니 고문만은 면하게 해 주었으나, 귀양을 보낸 걸 보면, 세종은 법 집행에서 공정성을 유지했던 군주라 하겠습니다. 고문을 면하게 하는 것도 다른 신하(정인지)의 건의에 근거하여 결정하고 있어, 독재와는 거리가 있었다는 것을 알 수 있습니다.

귀양살이 떠난 박중림은 어떻게 되었을까요? 넉 달 만인 8월 23일에 임시로 풀려납니다. 아들 박팽년이 문과 중시에 합격했기 때문입니다. 주지하듯, 과거에 급제하면, 삼일유가(三日遊街)라 하여, 과거 급제를 축하하는 행사를 하였습니다. 말을 탄 과거급제자를 천동(天童)이 앞에서 인도하고 악대기 음악을 연주하며 광대가 춤을 추고 재인이 재주를 부리면서, 거리를 돌며 채점관 선배, 합격자 친척을 찾아보는 풍습이 그것입니다. 문희연(聞喜宴)이라 하여 각각 자기 집에서 친척과 친지를 초대하여 성대한 자축연을 열었습니다. 바로 여기 동참하게 하기 위해 아비인 박중림을 임시로 돌려보내라고 한 것이지요.

요즘같으면 어림없는 일이지요. 박중림의 귀가시키는 그 기록을 확인해 볼까요?

> 임금이 전라도 감사(監司)에게 유시하였다.
> "집현전 교리(集賢殿校理) 박팽년(朴彭年)이 이번 문과 중시(文科重試)에 합격하였다. 그 아비 박중림(朴仲林)이 여산(礪山)에 부처(付處)되어 있으니, 말을 태워 올려보내라."
> —세종 29년(1447) 8월 23일

그럼, 박중림은 언제 귀양살이에서 완전히 풀려날까요? 그 이듬해인 세종 30년(1448) 4월 11일 사면됩니다. 같은 달 29일에는 빼앗긴 직첩도 돌려받습니다. 그 이유가 재미있습니다. 가뭄이 들어 박중림 등 10여 인의 직첩을 돌려주었다고 했습니다. 자연재해를 하늘의 의지가 개입한 것으로 여겼던 당대의 인식을 엿볼 수 있는 대목입니다. 직첩을 돌려줌으로써 사람의 한을 풀어주면, 하늘이 노여움을 풀어 가뭄이 물러가고 비가 내릴 것이라는 믿음에서 그런 것이겠지요. 이것도 요즘과는 차이나는 점입니다. 가뭄이 들거나 홍수가 난다고 죄수를 석방해 주는 일은 없으니까요.

종의 아버지가 누구냐 하는 이 문제는, 세종 31년(1449) 1월 5일, 박중림이 병조참판에 임명되는 것으로 마무리 단계에 들어갑니다. 유배살이에서 사면받은 박중림에게 이런 관직을 내림으로써, 세종은 박중림의 완전한 복권, 명예회복을 시킨 셈이지요. 물론 이튿날 이것이 부당하다는 신하들의 이의 제기가 있습니다. 바로 그 종의 친부를 조작했다는 비리를 문제 삼은 것이죠. 이때 세종이 쐐기를 박는 발언을 하며 박중림을 변호합니다.

> 임금이 말했다.
> "너희들의 말은 그럴듯 하나, 내가 젊어서부터 중림의 사람됨을 아는데, 그 마음이 남의 종을 자기의 종으로 삼아서, 아비와 자식을 고쳐 바꿀 사람은 아니다. 반드시 간사한 종이 속이는 데 빠졌던 것이다. 다만 의금부에서 추국(推鞫)할 때에 끝내 굳이 고집하고 깨우치지 못한 것이 잘못이다. 그러나 이는 영구히 서용(敍用:죄가 있어 관직을 박탈했다가 다시 임용)하지 못할 죄는 아니다."

이러면서 허락하지 않았습니다. 신하들의 반대가 이어졌고, 박중림도 사직하겠다고 했으나, 세종은 허락하지 않습니다. 세종 혼자만 박중림을 두둔하는 것처럼 보이던 논의는 김종서와 정분의 발언을 계기로 종결 수순을 밟습니다.

> 김종서가 말했다.
> "중림은 신에게 족질(族姪)이 되니, 젊어서부터 같이 있어서

그 마음의 세미(細微)한 것까지 자세히 아오니, 심히 졸직(拙直)한 사람이옵니다. 결단하는 재주는 비록 혹 부족할지라도, 다른 사람의 종을 자기의 종으로 삼으려고 한 것은 진실로 없습니다."

정분도 말했다.

"신도 중림의 마음을 자세히 아옵니다. 이 일은 오로지 어리석게 의혹한 까닭으로, 종의 말을 곧이 듣고 여기에 이른 것입니다."

김종서와 정분의 이 발언으로 이 사건은 일단 종결되기에 이릅니다. 임금 혼자의 뜻이 아니라 신하들의 요청으로 무마하는 형식을 갖추는 세종의 리더십을 여기서도 확인할 수 있습니다.

남의 종을 자기네 종으로 조작했다는 의심을 받아 고초를 당한 박중림…. 과연 사건의 진실은 무엇이었는지, 여전히 궁금증이 남습니다. 요즘말로 이 박중림 리스크는 나중에 그 외손이 어떤 관직에 임명되었을 때 신하들이 반대하는 근거로 작용하는 것을 볼 수 있습니다[성종 14년(1483) 6월 28일, 7월 5일, 7월 6일 기사]. 종의 소유권 문제를 넘어, 부자 관계의 질서를 허물었다 하여 강상(綱常)의 문제로 여겼기 때문입니다. 삼강오륜이 최고의 가치규범이었던 조선의 엄격성을 보여주는 사례라 하겠습니다.

●●● 《금오계첩》의 〈의금부도〉 (출처 : 문화재청)

●●● 〈의금부 터(종로1가 SC제일은행 앞)〉

●●● 〈기산화첩 중의 곤장 맞는 모습〉

5
문종의 지시를 받은 경기 감사 박중림

(문종이) 경기 감사(京畿監司) 박중림(朴仲林)에게 유시하였다.

"금년에 비가 흡족하여 벼가 장차 무성할 터인데, 들으니 김을 매지 못하여 황무(荒蕪)한 전답이 매우 많다고 한다. 이것은 금년에 경기 고을에 일이 많아, 백성이 농사할 힘이 부족하여 그런 것 같다. 그러나 부지런히 권과(勸課:농사일을 권장)하면 반드시 이렇게까지는 되지 않을 것이다. 절기가 아직 늦지 않으니 모름지기 엄하게 권과(權課)하라."

—문종 즉위년(1450) 6월 16일

(문종이) 경기 감사(京畿監司) 박중림(朴仲林)에게 유시하였다.

"전일에 산릉(山陵)에 나갔을 때, 경과 더불어 도내의 농민이 김을 매지 못한 뜻을 말하였으나, 지금 또 유시를 내리는 것은, 사람을 시켜서 돌아보니, 김매지 않은 밭이 꽤 있는데, 경의 마음이 어찌 백성으로 하여금 제때에 김을 매게 하려고 하지 아니하였을까마는, 반드시 힘이 넉넉지 못하였을 것이다. 금년에 경기 고을 인민의 노역이 예전에 비하면 1백 배나 된다. 지금 권농(勸農)하는 것이 이미 늦었으나, 가을 일이 아직도 많으니, 잡역(雜役)을 감면하여 백성의 힘을 펴고자 한다. 문소전(文昭殿) 휘덕전(輝德殿) 두 전(殿)의 월령 천신(月令薦新:나라에서 매달마다 그 철의 새로 나온 물선(物膳)을 종묘나 사당에 바치는 일)을 제외하고, 무릇 진상(進上)에 관계되는 것은 일체 정지하고, 추경(秋耕)과 김매는 일에 대하여 경은 다시 더 권과(勸課)하라."

—문종 즉위년(1450) 6월 19일

(문종) 임금이 경기 관찰사(京畿觀察使) 박중림(朴仲林)에게 친히 유서(諭書)를 내렸다.

"내가 일찍이 비오는 절기를 상고하여 증험해 보건대, 대개 정월에는 해동비[解凍雨]가 있었고, 2월에는 초목에 싹이 돋는 비가 있고, 3월에는 파종비[播種雨]가 있고, 4월에는 못자리비[立苗雨]가 있다. 그 사이에 비록 많고 적음과 더디고 빠른 차이는 있으나, 오로지 그 절기를 잃은 해는 일찍이 없었으니, 진실로 시기를 맞추어 사람의 할 일만 다할 수 있으면, 비록 날을 기(期)한다 하여도 기필코 그대로 될 것이요. 지난해 농사로 말하여도 3월 8일에 비가 흡족하여 18일에 이르렀고, 4월 달에 들어서서 21일에 또 비가 왔는데, 만약 이 비가 오기 전에 파종을 마쳤으면, 곧 이 비에 이르러 모[苗]가 모두 났을 것인데, 오로지 종자가 부족한 까닭으로 이미 이 시기를 잃었고, 또 관찰사가 종자를 청한 것이 3월 17일이었기에 4월 그믐날 큰 비가 버리기 전에도 모가 오히려 나지 못한 것이 반이 넘었다. 이런 까닭으로 지난 해에 비와 물이 고르고 흡족하였으나 가을 농사는 풍년이 못 되었으니, 대저 농사를 판장하는 법은 정월 2월 안에 그해의 흉풍(凶豐)과 민호(民戶)의 빈부를 헤아리고 종자의 족하고 부족함을 살펴서 3월 안에 준비해 두었다가 만약 좋은 비를 만나자마자 급속히 파종하여 그 시기를 잃지 말 것이니, 3월에 파종하면 4월 안에 반드시 모가 날 것이며, 4월에 모가 나면 6월에는 모가 패기 시작할 것이며, 6월에 패기 시작하면 8월이 되지 않아서 이미 단단하게 익을 것인데, 이제 듣건대 권농(勸農)하는 자가 시기의 조만(早晚)이나 우수(雨水)의 충족이나 종자의 유무는 헤아리지 아니하고 독촉하여 파종하게 하면, 백성들은 혹 거짓으로 〈논을〉 갈아서 물을 담아 놓고 실지로는 파종하지 아니한 자가 많을 것이니, 모가 날 때를 당하여 비록 그 거짓임을 알지라도 이미 미치지 못할 것이다. 그러므로 권농하는 자는 파종할 때만 독려하지 말고 모가 날 때에 살펴서 책(責)하는 것이 마땅하다. 내가 4월 보름 후에 장차 사람을 시켜 입묘(立苗)의 조만(早晚)을 살피게 할 것이니, 경(卿)은 알아서 폐단 없이 권농하도록 하라." 하였다.

-문종 1년(1451) 2월 25일

****

 위에 보인 지시는 모두 문종이 경기 감사 박중림한테 내린 것입니다. 임금이라면 당연히 현안에 대해 담당 관료에게 이래라 저래라 명령할 수 있습니다. 따라서 이 지시는 조금도 이상한 것이 아닙니다.
 하지만 박중림과 문종과의 관계를 고려하면, 달리 생각할 수도 있습니다. 앞에서 이미 밝힌 대로, 두 사람은 사제 관계입니다. 문종이 세자일 때 가르친 사람이 박중림입니다. 그러니, 위의 기록은, 스승한테 제자가 지시한 셈입니다. 일반적으로는 있을 수 없는 일이지요. 이 현상을 어떻게 해석해야 할까요? 세 가지로 말해 볼 수 있겠습니다.
 첫 번째로는, 왕조시대의 질서는 지금과는 달랐다는 것이지요. 스승이라도 엄연히 신분은 신하였습니다. 부모 자식 관계에서도 마찬가지였죠. 아들이 왕위에 오르면, 그 어머니인 대비도 왕에게 함부로 하지 못했습니다. 신분상으로는 신하였으니까요. 그야말로 만인지상(萬人之上)의 위치에 있는 게 임금이었습니다. 그러니 임금인 문종이 경기 감사로 나가 있는 박중림한테 행정적인 지시를 내리는 것은 당시로서는 당연한 일이었다 하겠습니다.

두 번째로는, 그 당시 농업이 얼마나 중요했는지 알아야 한다는 것입니다. 농본주의 국가였던 조선에서 왕들은 지속적으로 농업 발전을 위해 노력을 기울였습니다. 세종 때의 측우기 발명, 역서(曆書) 간행, ≪농사직설(農事直說)≫ 반포 등은 모두 국가의 기반산업이었던 농업생산력의 향상을 위한 조치들이었습니다. 문종도 그 뒤를 이어, 수리(水利) 방천(防川) 저수(貯水) 등의 계획을 세웠으니, 이런 문종이 경기 감사인 박중림에게 농업과 관련하여 지시를 내린 것은 당연한 일입니다. 무엇을 지시한 걸까요?

첫째, 제때에 김을 매도록 백성들을 권면하라는 것입니다. "금년에 비가 흡족하여 벼가 장차 무성할 터인데"라고 하여, 자연조건은 풍년을 이룰 만한 조건을 갖추었으니, 김매기를 제때에 하도록 권면하라고 합니다. 하늘과 인간이 합력해야만 가능한 것이 농사임을 강조하고 있다 하겠습니다.

문종은 지적합니다. "김을 매지 못하여 황무(荒蕪)한 전답이 매우 많다"면서, "부지런히 권과(勸課:농사일을 권장)하면 반드시 이렇게까지는 되지 않을 것이다. 절기가 아직 늦지 않으니 모름지기 엄하게 권과하라" 지시하고 있습니다(문종 즉위년 6월 16일). 농사에는 때가 있는 법인데, 김을 매야 하는 시기를 놓치면, 농사를 망칠 수밖에 없다는 점을 일깨우고 있습니다. 김을 매지 못하는 이유는 "이것은 금년에 경기 고을에 일이 많아, 백성이 농사할 힘이 부족하여 그런 것 같다"고 원인 분석을 하고 있으면서도 그 문제를 해소할 방안은 말하지 않은채, "부지런히 권과하면" 된다며, "엄하게 권과하라"고만 합니다. 모든 책임을 수령에게 지우고 있는 셈입니다.

둘째, 조정에서도 백성의 부역을 줄일 테니, 김매기를 독려하라는 것입니다. "지금 권농(勸農)하는 것이 이미 늦었으나, 가을 일이 아직도 많으니, 잡역(雜役)을 감면하여 백성의 힘을 펴고자 한다. (중략) 추경(秋耕)과 김매는 일에 대하여 경은 다시 더 권과(勸課)하라"(문종 즉위년 6월 19일)는 지시가 그것입니다. 앞의 지시에 비해 합리적이며, 근본 해결을 위해 고심한 흔적이 엿보입니다. 중앙에서도 해야 할 조치를 했으니, 지방에서도 힘쓰라는 지시이니, 책임을 공동으로 지려는 자세라 하겠습니다.

셋째, 농사를 성공할 수 있는 방법을 일러주면서 그대로 시행하라는 것입니다. 문종이 파악한 풍농의 비결은 이것입니다. "정월 2월 안에 그해의 흉풍(凶豐)과 민호(民戶)의 빈부를 헤아리고 종자의 족하고 부족함을 살펴서 3월 안에 준비해 두었다가, 좋은 비를 만나자마자 급속히 파종하여 그 시기를 잃지 않는 것"입니다. 그러면서, 파종하는 시기에 따라 모가 패는 시기가 다르다며, "권농(勸農)하는 자가 시기의 조만(早晩)이나 우수(雨水)의 충족이나 종자의 유무는 헤아리지 아니하고 독촉하여 파종하게 하면, 백성들은 거짓으로 〈논을〉 갈아서 물을 담아 놓고 실지로는 파종하지 아니한 자가 많을 것"(문종 1년 2월 25일)이라고 우려합니다. 파종할 때만 독려하지 말고 모가 날

때도 살펴야 한다는 것입니다. "내가 4월 보름 후에 장차 사람을 시켜 입묘(立苗)의 조만(早晚)을 살피게 할 것이니, 경(卿)은 알아서 폐단 없이 권농하도록 하라"고까지 해서, 임금의 명령을 제대로 이행했는지 확인하겠다고 합니다. 이른바 확인 행정이라 하겠습니다. 지방관도 탁상행정이 아니라, 현지에 나가 백성들의 형편을 구체적으로 파악해 거기에 맞게 돕고 권면할 것이며, 중앙정부에서도 사후에 이행 여부를 확인한다면, 그 정책은 성공 확률이 높아지겠지요.

세 번째는, 경기 지역의 중요성입니다. 경기는 도성인 한양과의 관계에서 특별했습니다. 고려 이래, 왕도와 왕실을 보위하기 위해 설치된 왕도의 외곽지역입니다. 원래 '경(京)'은 임금이 도읍한 경사(京師)를 뜻하고, '기(畿)'는 왕성(王城)을 중심으로 사방 500리 이내의 땅'을 의미했으나 점차 '왕도의 외곽 및 보위 지역'이라는 일반적 개념으로 사용되었습니다.

이런 지역이다 보니, 경기 지역은 나라에서 우대를 받기보다는 요역(徭役) 과렴(科斂) 조세의 부과라는 면에서 타도민에 비해 과중한 부담이 지워졌습니다. 궁궐과 성곽의 축조 등 각종의 역사에 경기민은 우선적으로 징발되었으며, 상공(上貢)에 필요한 물품 및 재원을 마련할 때에도 경기민에 대한 과렴은 1차적으로, 그리고 과중하게 책정되었습니다. 또 경기에는 각종의 사전(私田)이 집중되어 있었으므로, 이를 경작하는 경기민은 사전주(私田主)에 의해 과다한 조세를 수취당하기도 하였습니다. 이러한 과중한 부담은 경기의 피폐를 가져왔으므로, 중앙정부는 때때로 경기민에 대해 면세 면역 및 각종 진휼의 혜택을 베풀기도 하였습니다.

《문종실록》을 보면, 오직 경기 감사에게만 농사를 권면하라는 지시를 내릴 뿐 다른 지역 수령에게는 하지 않았습니다. 국가의 재원 마련에서 경기 지역이 차지하는 비중이 컸다는 것을 보여줍니다. 하기야 다른 지역에 비해 운반하는 데 시간도 절약되고, 노력도 절감되니 그럴 수밖에 없었으리라 생각됩니다. 위의 기록에서도 경기 지역의 부담이 컸다는 사실이 드러나 있습니다. "금년에 경기 고을에 일이 많아, 백성이 농사할 힘이 부족하여 그런 것 같다", "금년에 경기 고을 인민의 노역이 예전에 비하면 1백 배나 된다"는 말이 그것입니다. 그 결과, "잡역(雜役)을 감면하여 백성의 힘을 펴고자 한다. (중략) 무릇 진상(進上)에 관계되는 것은 일체 정지하"는 조처를 내려, 농사의 때를 잃지 않도록 배려하고 있습니다.

위에서 검토한 문종의 지시에서 특별히 주목할 게 하나 있습니다. "민호(民戶)의 빈부를 헤아리고 종자의 족하고 부족함을 살펴서"라는 대목입니다. 백성 가운데에는 살기가 어려워, 파종할 종자마저 부족할 수가 있다는 사실을 보여줍니다. 우리 속담에 "농사꾼이 죽어도 종자는 베고 죽는다"고 하지만, 보릿고개가 있던 그 시절, 절대적인 빈곤 상태에 이르면 종자마저 떨어졌던 게지요. 그럴 때는 관에서 도와서 종자를 준비하게 해 폐농하지 않도록 하라고 문종은 지시하고 있습니다. 처음 지시에 비해 두 번째, 세 번째로 갈수록 점점 지시가,

일방적이지 않고, 근본 문제를 해소할 수 있는 대안까지 제시하고 있어, 국왕의 국정 장악력이 진전하고 있다는 것을 느낄 수 있습니다. 지도자라면 이래야 하겠지요.

이상에서 살핀 것처럼, 문종은 임금으로서, 경기도 감사인 박중림에게 농사 지도에 각별히 힘쓰라고 거듭하여 지시를 내렸습니다. 아마도 중앙에서만 활동하던 스승 박중림이 지방관으로서 성공하도록 도와주기 위해 그런 것이라고 볼 수도 있습니다. 박중림이 훌륭한 스승이고, 유능한 관료이지만, 농사에까지 밝다고는 할 수 없으니, 그 점을 염려한 배려라고도 보입니다. 문종이 이런 지시를 거듭 내릴 수 있었던 것은, 이런 지시를 내려도 스승이 수용하리라는 신뢰가 있었기에 가능하지 않았을까요? 그렇게 본다면 두 사람의 관계는 매우 아름다운 사제의 모습을 보여준다고 하겠지요. 공과 사를 구분하는 관계 말입니다.

여기에서 한 가지 사족을 붙입니다. 경기 감사 박중림이 집무를 보았던 경기감영이 어디에 있었을까요? 지금은 수원이지만, 당시에는 한양 돈의문 바로 밖이었습니다. 지금으로 치자면 서울적십자사병원과 그 앞에 새로 세워진 디(D) 타워를 포함하는 넓은 영역이었습니다. 아래 〈경기감영도〉를 보면 알 수 있습니다. 그러니 문종의 지시를 담은 글은 아주 빠르게 경기감사 박중림에게 전달되었으리라 짐작할 수 있습니다.

●●● 〈경기감영도〉

●●● 〈서울특별시 서대문사거리 적십자병원 앞 디타워 지하 경기감영지 안내문〉

●●● 〈모내기〉

6

대사헌으로 추천받은 박중림

노산군[魯山君:단종(端宗)]이 황보인(皇甫仁), 김종서(金宗瑞), 정분(鄭笨), 박중손(朴仲孫), 신숙주(申叔舟)를 인견(引見)하고 말하였다.

"지금 대사헌(大司憲)이 될 만한 사람이 누구인가?"

황보인 등이 말하였다.

"박중림이 가합니다."

김종서가 말하였다.

"박중림(朴仲林)은 사람됨이 겉으로는 느리고 해이(解弛)한 것 같으나, 마음가짐이 굳고 행실도 간결(簡潔)하여 분요(紛擾)한 선비가 아닙니다. 요사이 사헌부(司憲府)에서 일을 논함에 정유(情由)가 있는 것 같아서 마땅히 파출(罷黜)하여야 할 것 같으나, 법사(法司)는 마땅히 우대하여 용납하여야 하겠으므로, 신 등이 의논해 아뢰어 단지 좌천**만** 시켰습니다. 바깥 사람으로 신 등을 나무라는 자가 심히 많으나, 신 등이 어찌 그 사이에 털끝 **만큼**이라도 사의(私意)가 있겠습니까? 지금 소유배(小儒輩)들이 대체(大體)를 생각하지 않고 걸핏하면 번번이 비방하고 헐뜯어 국사(國事)로 하여금 끝내 이루어지지 못하게 하고 있으니, 단연 불가합니다. 마땅히 사려(思慮)가 심장(深長)하여 분요(紛擾)를 좋아하지 않는 사람을 얻어 사헌부(司憲府)의 장(長)이 되게 하여야 관료의 의논을 조절하여 공평하고 합당한 데 이르게 할 수 있습니다. 박중림은 신(臣)의 친척인데, 참으로 대사헌의 직임(職任)을 감당할 **만**하기에 추천한 것입니다. 사사로운 뜻(私意)에서 나온 것이 아닙니다."

노산군(魯山君)이 말하였다.

"가(可)하다."

－단종 1년(1453) 7월 28일

****

위 기록은, 박중림이 대사헌에 천거되어 단종의 재가를 받는 장면입니다. 원래는 단종일 테지만, 후에 세조에 의해 강등 조처되어 '노산군'으로 기록하고 있습니다. 박중림은 천거받은 당일에 대사헌으로 임명하였다는 것을 알 수 있습니다. 조선시대에 '대사헌'이란 직책이 어떤 것이었을까요?

대사헌은 사헌부의 종2품 관직입니다. 이른바 당상관(堂上官)으로서, 정3품과 함께 영감(令監)으로 불리던 벼슬입니다. 대사헌은 사헌부의 수장입니다. 사헌부는 어떤 기관이었을까요? 다섯 가지 기능을 가지고 있었습니다.

첫째, 사간원과 함께 언론 기관으로서의 구실을 했습니다. 언론 활동의 궁극적인 목적은 이상 정치의 구현에 있었습니다. 왕의 언행에 잘못이 있을 때 이를 바로잡기 위해, 사간원과 함께 간쟁(諫爭)을 했습니다. 관원의 기강을 확립하기 위해, 부정 비위 범법한 관원을 논란, 책망해 직위에 있지 못하도록 탄핵도 담당했습니다. 그 시대에 이루어지고 있는 정치의 옳고 그름을 논해 바른 정치로 이끌어나가는 시정(時政)의 역할도 맡았습니다.

둘째, 정치에도 참여했습니다. 이 관부에 소속된 관원들은 의정부 육조의 대신들과 함께 왕이 중신을 접견해 정치적 보고와 자문을 받는 자리인 조계(朝啓) 상참(常參)에 참여하였습니다. 또한 의정부 육조와 함께 정치와 입법에 관한 논의에도 참여하였습니다.

셋째, 사헌부 관원은 왕을 모시고 경서(經書)와 사서(史書)를 강론하는 자리인 경연은 물론, 세자를 교육하는 자리인 서연에도 입시했고, 왕의 행행(行幸)에도 반드시 호종하였습니다.

넷째, 인사 행정과 법령의 제정 및 개정에 대하여 심의하고 동의하는 권한을 가졌습니다.

다섯째, 법령의 집행, 백관에 대한 규찰, 죄인에 대한 국문(鞫問), 결송(決訟 : 재판) 등의 일을 담당하였습니다. 사헌부의 관원은 사간원의 관원과 더불어 대간(臺諫)이라 불렸는바, 이들은 위세(威勢)와 명망을 중히 여기는 관계로 이들에 대한 예우가 제도적으로 규정되었습니다.

이렇게 막중한 기관의 수장이 대사헌이었습니다. 그야말로 불편부당한 사람을 써야만, 사심 없이 그 직무를 수행할 수 있기에, 노산군(단종)은 신하들에게 물었다 하겠습니다. "지금 대사헌(大司憲)이 될 만한 사람이 누구인가?" 이렇게 물은 것이지요. 이에 황보인이 박중림 한 사람을 추천합니다. "박중림이 가합니다"라고만 하였을 뿐 이유는 말하지 않았습니다만, 김종서는 추천 이유를 자세히 진술했습니다.

첫째, 박중림(朴仲林)은 사람됨이 겉으로는 느리고 해이(解弛)한 것 같으나, 마음가짐이 굳고 행실도 간결(簡潔)하여 분요(紛擾)한 선비가 아니라는 것이었습니다. 이 표현을 분석해 보면, 박중림의 사람 됨됨이가 어땠는지 짐작할 수 있습니다. 겉보기에는 굼뜬 듯하나 속마음이 굳센 사람이었습니다. 행실이 간결하다는 것은 꾸밈 없이 단순소직하며, 매우 안정되어 차분하게 행동하는 사람이라는 말이겠지요. 언론과 사법을 관장하는 기관의 수장으로서, 불편부당하게 일을 처리하는 데 적합한 품성이라 하겠습니다.

둘째, 일부 선비들이 전체를 못 보고 사사건건 시비하여 국사(國事)가 이루어지지 못는 상황을 타개하기 위해 박중림을 대사헌으로 임명해야 한다는 것이었습니다. 사려가 깊고 침착한 사람을 써야만, 관료들의 의견을 조절하여 공평하고 합당한 결론을 도출할 수 있다고 본 것이지요. 대국적인 견지에서 일을 처리할 수 있는 역량을 가진 사람이 요직에 있어야, 국사가 제대로 이루어진다는 논리는 오늘날에도 음미할 만합니다. 시대적인 소명 또는 그 정권에게 바라는 국민의 여망이 있을 텐데, 부분에 집착해 대의를 이루지 못하게 발목 잡는 일이 있기 때문이지요.

셋째, 박중림이 대사헌 직임(職任)을 감당할 만하다고 말하는 근거로서, 자신의 친척이라 그렇다고 했습니다. 오랜 시간 지켜본 결과 그 인품을 잘 안다고 말함으로써, 요즘말로 하자면 신원보증을 하였습니다. 잘못될 경우 책임을 지겠다는 말이라고도 할 수 있겠지요.

박중림을 왜 추천하는지, 김종서가 제시한 이유에 대하여 아무도 이의를 제기하지 않았습니다. 당시 황보인과 김종서 두 사람의 위세가 하도 커서 그랬다고 할 수 있습니다만, 그렇지만도 않습니다. 대사헌이라는 직무와 박중림의 사람 됨됨이를 연결시켜서 구체적으로 설명하는 김종서의 말을 보면, 사실이 그랬다고 보아야 할 것입니다. 없는 사실을 꾸며서 임금에게 아뢰었다고 보기는 어렵습니다. 오랜 세월 함께 세종과 문종을 섬겨왔으니, 박중림이 대사헌 자리에 어울리는지 아닌지 판단하는 것은 그리 어렵지 않았다고 보아야 하겠지요.

7

안평대군(이용)의 처벌을 주장한 박중림

대사헌(大司憲) 박중림(朴仲林), 집의(執義) 이세문(李世門), 장령(掌令) 김종순(金從舜), 지평(持平) 김계희(金係熙), 박건순(朴健順) 등이 또 아뢰었다.

"용(瑢)의 죄가 하늘에 닿았는데 다만 외지(外地)에 두시니, 이것은 실로 사사로운 은혜요 공의(公義)는 아닙니다. 관숙(管叔) 채숙(蔡叔)은 지친이지마는 은혜는 경하고 의리는 중하기 때문에 대벽(大辟)에 처치한 것입니다. 용(瑢)은 죄가 주살(誅殺)을 용서할 수 없으니, 청컨대 극형으로 처치하소서."

(임금이) 윤허하지 않았다. 박중림 등이 다시 아뢰었다.

"예전 사람이 말하기를, '악을 제거하는 데는 근본부터 힘쓰라.' 하였는데, 지금 당여(黨與)는 비록 제거하였으나, 수악(首惡)

이 아직도 있으니, 어찌 대의에 합당하겠습니까? 청컨대 대법(大法)으로서 처치하소서."

(임금이) 윤허하지 않았다. (중략)

박중림(朴仲林) 등이 또 상소하였다.

"법이란 천하의 대방(大防:큰 제방(堤防))입니다. 인주는 법을 지키어 아래를 통어하고 인신은 법을 받들어 위를 섬긴 연후에야 상하가 서로 보전하고 국가가 태평하게 다스려지는 것입니다. 법이 혹 한 번 허물어져서 간사한 도적이 용사(用事)하면 나라의 근본이 흔들리기 쉬운 것입니다. 지금 용(瑢)이 왕실의 지친으로서 널리 당여(黨與)를 심고 가만히 불궤(不軌)를 도모하여 큰 법을 범하였으니, 천지 신인(神人)이 함께 베어서 의리가 마땅히 대벽(大辟)에 처하여야 하겠는데, 전하께서 차마 못하는 마음으로 다만 당여만 베고 용(瑢)은 외지에 출척하시니, 이것은 특히 전하의 사사로운 은혜이고 천하의 공의(公議)는 아닙니다. 사사로운 은혜로 공의를 폐하면 완악(頑惡:성질이 완고하고 모질음)한 자가 징계될 리 없고 변란(變亂)이 쉴 때가 없을 것입니다. 전하께서는 대의로 결단하시어 용을 법으로 처치하시면 종사가 다행하고 국가가 다행할 것입니다."

(임금이) 모두 윤허하지 않았다.

-단종 1년(1453) 10월 11일

****

　계유정난(癸酉靖難) 때의 기록입니다. 계유정난이란, 수양대군이 단종의 보좌 세력이자 원로대신인 황보인, 김종서 등 수십 인을 살해, 제거하고 정권을 잡은 사건입니다. 문종이 죽고 나서 그 아들 단종이 13세 어린 나이로 즉위해 왕권이 미약한 상태에서, 둘째인 수양대군과 셋째인 안평대군은 서로 세력 경쟁을 벌이고 있었고, 안평대군은 김종서와 황보인 등 고명대신들과 어울렸습니다. 이에 수양대군이 김종서와 황보인을 모반죄로 몰아 제거한 사건이 계유정난입니다. 계유년인 1453년에 일어났다 해서 계유정난이라 하지요.

　이 계유정난 후, 안평대군을 어떻게 처리해야 할지, 박중림을 비롯해 신하들이 임금에게 의견을 말하는 대목이 위의 기록입니다. 극형으로 다스려야 한다고 하였습니다. "다만 외지(外地)에 두시니, 이것은 실로 사사로운 은혜요 공의(公義)는 아"니라며, "극형으로 처치하"라고 했습니다. 훗날 단종 복위 운동에 가담해 세조를 제거하려 했던 박중림이 왜 이때는 이렇게 세조 편에 서서, 안평대군을 극형으로 다스리라고 주문했을까요?

　이 의문을 풀기 위해서는, 그 당시의 권력 관계를 알아야 합니다. 《조선왕조실록》에 기록된 사관의 말은 어린 군주 단종의 위상을 보여줍니다. "왕은 손 하나 움직일 수 없는 괴뢰적인 존재로 전락하고 백관은 의정부가 있는 것은 알았으나, 군주가 있는 것은 알지 못한 지가 오래 되었다."고 할 정도로 왕권이 미약했던 것으로 보입니다. 왕의 전제정치보다는 재상중심 체제를 주장하던 정인지(鄭麟趾), 최항(崔恒), 신숙주(申叔舟), 성삼문(成三問), 하위지(河緯地) 등 집현전 출신의 신하들도 황보인, 김종서의 지나친 권력 중대에는 비판적이었습니다. 뒷날 수양대군이 황보인, 김종서 등을 제거할 때, 많은 집현전 출신 관료가 수양대군에 동조하거나 중립적인 태도를 취한 것도 이 때문입니다.

수양대군도 이 점을 못마땅하게 생각하고, 이들이 세력을 더 굳히기 전에 제거할 계획을 추진했던 것이지요. 이들이 안평대군과 함께 역모를 꾀했다는 명분으로 불러들여 이들을 살해합니다. 안평대군은 죽이지 않고 일단 강화도에 안치하였으나, 신하들이 극형에 처해야 한다고 강력히 주장하고, 단종이 계속 윤허하지 않자, 박중림 등이 다시 간청합니다. 발본색원해야 하는바, 요즘말로 깃털만 제거하고 몸통인 안평대군은 그냥 두어서는 안 된다는 주장이었습니다. 그래도 단종은 윤허하지 않습니다. 종친이라 그런 것도 있었겠으나, 어쩌면 이 역모죄가 날조된 것임을 간파해 그랬을 수도 있습니다.

이에 박중림(朴仲林) 등이 또 다시 주청했습니다. "법이란 천하의 큰 제방(堤防)… 군주는 법을 지키어 아래를 통어하고 신하는 법을 받들어 위를 섬긴 연후에야 상하가 서로 보전하고 국가가 태평하게 다스려지는 것… 법이 혹 한 번 허물어져서 간사한 도적이 용사(用事)하면 나라의 근본이 흔들리기 쉬운 것…"이라고 전제합니다. 법 질서가 무너지면 국가가 위태로워진다는 것입니다. 임금부터 공정하게 법을 집행해야만 하는 이유가 거기 있다고 했습니다.

그런 다음에 임금의 잘못을 지적합니다. 왕실의 지친인 안평대군이 역모를 하여 큰 법을 범하였는데도 제대로 처벌하지 않았다는 것이었습니다. 그 무리만 베고 안평대군은 외지에 출척하고 만 처사는 사사로운 감정을 따른 것이 아니냐고 합니다. 이렇게 되면 앞으로 변란(變亂)이 쉬지 않고 일어날 것이라고 경고합니다. "대의로 결단하시어 안평대군을 법으로 처치하시면 종사가 다행하고 국가가 다행할 것"이라고 하여 극형에 처하라고 촉구합니다. 대를 위해 소를 희생하라는 주장이었습니다.

임금이 친척인 안평대군에 대한 사적인 관계 때문에 차마 극형을 내리지 않는다는 사실을 알면서도 박중림은 서슴없이 그 처벌을 주장했습니다. 인정이 메말라서라기보다는 국가의 기강 유지를 우선시해서 그랬던 것은 아닐까요? 안평대군을 그냥 살려두면, 국법을 두려워하지 않아, 마침내 동일한 사태가 지속되리라고 보아 그런 것이겠지요. 국가가 안정되지 못하고서는 발전도 기약할 수가 없겠지요. 역사를 공부한 선비로서, 침묵을 지킬 수가 없어, 임금이 듣기게는 냉혹할 발언도 서슴지 않았던 박중림을 볼 수 있습니다. 법과 대의를 중시하는 가치관이라 하겠습니다.

오늘날에도 마찬가지 아닐까요? 대통령을 뽑을 때, 장관 청문회 때, 도덕성도 따지지만, 법을 어긴 일이 있나 검증하고 있지요. 표절로 중도 하차하는 후보 참 많지요. 지도자가 솔선수범하지 못하면 그 나라나 조직이 제대로 운영될 수 없다고 보아 그런 것이라 생각합니다. "나처럼 해 봐라"라고 자신있게 말할 수 있는 지도자, 아무도 거기에 대해 이의를 제기할 수 없는 지도자, 한번쯤 가지고 싶은 소망입니다. 박중림의 바람도 그랬겠지요. 자신이 모시는 임금이 그런 군주이기를, 그래서 새로 시작한 조선왕조가 건강하게 지속하기를 원해 발언한 것이겠지요.

●●● 〈단종〉

8

왕비의 상복 입는 문제로 토론한 박중림

의정부 육조(六曹) 승정원에 명하여, (단종이) 왕비를 맞아들인 뒤에 길복(吉服)으로 갈아입어야 할지의 여부를 의논하게 하였다. 좌의정 정인지(鄭麟趾), 좌찬성 이사철(李思哲), 좌참찬(左參贊) 이계린(李季疄), 호조 판서 조혜(趙惠), 예조 판서 김조(金銚), 공조 판서 박중림(朴仲林), 예조 참판 정척(鄭陟), 호조 참판 노숙동(盧叔仝), 예조 참의 어효첨(魚孝瞻), 호조 참의 홍원용(洪元用), 형조 참의 김순(金淳), 우승지 박팽년(朴彭年) 등이 말하였다.

"단상(短喪 : 상례 기간을 단축)할 수가 없습니다. 왕비를 맞이한 뒤에는 마땅히 다시 (상중의) 소복(素服)으로 돌아가야 합니다."

병조 판서 이계전(李季甸), 이조 판서 정창손(鄭昌孫), 형조 판서 이변(李邊), 병조 참판 박중손(朴仲孫), 형조 참판 이인손(李仁

孫), 이조 참판 신석조(申碩祖), 공조 참의 이보정(李補丁), 이조 참의(吏曹參議) 안숭효(安崇孝), 도승지(都承旨) 최항(崔恒), 좌승지(左承旨) 신숙주(申叔舟), 우부승지(右副承旨) 권자신(權自愼), 동부승지(同副承旨) 권남(權擥) 등은 말하였다.

"왕비를 맞아들인 뒤에는 마땅히 권도(權道)에 따라서 즉시 길복(吉服)을 입어야 합니다."

각각 소견을 고집하여 논의가 분연(紛然)하니, 세조가 그들로 하여금 각각 그 뜻을 말하게 하였다. 어효첨이 말하였다.

"길복(吉服)으로 갈아입는 일은 의논하는 것이 마땅하지 않을 뿐만 아니라, 논의할 필요가 없습니다. 전하께서 지금 바야흐로 나이가 어린데, 만약 억지로 단상(短喪 : 상례 기간 단축)의 제도를 따른다면, 후일에 평생의 한(恨)이 될 것입니다. 또 만약 천자(天子)의 명(命)이나 선왕(先王)의 유교(遺敎)가 있다면 가(可)하겠으나, 지금 천자와 선왕의 명도 없는데, 신하된 자가 임금[君父]의 상례 기간을 단축하라고 청하는 것은, 입 밖에 낼 수 없을 뿐만 아니라, 마음에도 차마 할 수 없는 일입니다. 왕비를 맞아들이는 것은 종묘 사직의 대계(大計)를 위해 부득이하여 하는 일이지만, 단상(短喪)하는 것은 무슨 부득이한 일이 있기에 억지로 하려는 것입니까? 이와 같이 하는 것은 실례(失禮) 중에 또 실례입니다. 왕비를 맞아들이는 일은 작은 예절(小節)이나, 3년상은 고금 천하(古今天下)의 바꿀 수 없는 대법(大法)입니다. 어찌 왕비를 맞아들이는 일 때문에 이 대법을 파괴하겠습니까?"

그리고는 말하였다.

"우리들의 뜻은 말로써는 다할 수가 없습니다. 그러므로, 글로 자세히 서술해 가지고 왔습니다."

드디어 세조에게 바쳤으니, 그 사연은 이러하였다.

"예조 판서 신(臣) 김조(金銚) 참판(參判), 신(臣) 정척(鄭陟) 참의, 신(臣) 어효첨(魚孝瞻) 등은 이제 단상(短喪)의 설(說)에 대하여, 천리(天理)에 비추어 헤아려 보고 인정(人情)에 미루어 보아 되풀이하여 생각하여도 한 가지도 옳은 것이 없으므로, 조목별로 나열하여 이를 풀이하기를 청합니다.

첫째, 혹자는 말합니다. '이제 이미 상중(喪中)에 왕비를 맞아들여 이미 상복을 입지 않았으니, 그 실상은 없어진 것입니다. 즉시 상복을 벗는 것이 옳습니다.' 하지만 이것은 그렇지 않습니다. 공자(孔子)가 말씀하기를, '효자(孝子)가 어버이를 여의면 아름다운 옷을 입어도 편안치 못하고, 즐거운 음악을 들어도 즐겁지 않고, 맛있는 음식을 먹어도 맛나지 않는다.' 하였는데, 이것이 슬퍼하는 정(情)입니다.

이를 풀이하는 자가 말하기를, '아름다운 옷에 편안치 못하기 때문에 최마복(衰麻服)[2]을 입으며, 즐거운 음악을 들어도 마음이

---

2 거친 삼베로 지은 상복.

즐겁지 않기 때문에 음악을 듣는 데 가지 않으며, 맛있는 음식을 먹어도 맛나지 않기 때문에 먹지 않고 술을 마시거나 고기를 먹지 않는다.' 하였습니다. 공자가 제자인 재아(宰我)의 물음에 대답하여 말하기를, '쌀밥을 먹고 비단옷을 입는 것이 네게 편안하겠느냐? 군자(君子)는 상중에 있을 때는 맛있는 음식을 먹어도 맛나지 않고, 음악을 들어도 즐겁지 않고, 편히 처해 있어도 편안하지 않기 때문에 그렇게 하지 않는다. 이제 네가 편안하다면 그렇게 해라.' 하였습니다.

맹자(孟子)가 등 등세자(滕世子) 즉 등문공(滕文公)의 물음에 대답하기를, '제후(諸侯)의 예(禮)를 나는 배우지 못하였습니다. 비록 그렇기는 합니다마는 내가 일찍이 들은 일이 있는데, 삼년의 상기(喪期)에 거친 삼베 옷을 입고 거친 죽을 먹는 것은 천자(天子)로부터 서인(庶人)에 이르기까지 삼대〔三代〕[3] 이래 공통으로 지켜 왔다' 하였고, 주자(朱子)가 이를 풀이하여 말하기를, '맹자께서 등 문공(滕文公)에게 상례(喪禮)에 대하여 대답하기를, 「거친 삼베 옷을 입고 거친 죽을 먹는 것은 천자에서 서인에 이르기까지 한다」는 이 두 항목은 곧 큰 원칙이고 큰 근본이니, 스스로 그 마음을 다하는 것이 상례(喪禮)의 큰 근본이요, 3년 동안 거친 옷을 입고 거친 죽을 먹는 것이 상례의 대경(大經)[4]이

---

3 하(夏) 은(殷) 주(周).
4 변하지 않는 큰 도리.

다.' 하였습니다.

 이로써 본다면, 최마복(衰麻服)을 입고 음악을 듣지 않고 술을 마시거나 고기를 먹지 않고 3년 동안을 마치는 제도, 이 다섯 가지는 실로 상례의 대경(大經:대원칙)입니다. 그러나, 병이 있다면 술을 마시고 고기를 먹으며, 나이 70이면 오직 몸에 최마복(衰麻服)만 걸칠 뿐이고 술을 마시고 고기를 먹고 안에서 편안히 거처하는데, 이것은 모두 죽을까 하여 권도(權道:편법)로써 만든 것입니다. 그러나, 그 최마복과 3년의 상제(喪制)는 반드시 존재하고 없어지지 않았으니, 그 예의 중함을 알 수가 있습니다.

 그렇다면 어찌 최마복을 입고 음악을 듣지 않고 삼년 동안을 마친다는 것이 실상이 없는 제도라 할 수 있겠습니까? 후세에 임금이 상중에 있을 동안에는 행할 수가 없어서, 비록 최질(衰經) 중에 있더라도 술을 마시고 고기를 먹는 일을 하지 않을 수가 없었으나, 이것도 권도(편법)를 따라서 한 것입니다. 하물며, 우리 전하께서는 천성이 어질고 효성스러워 비록 어린 나이지만 슬퍼하는 마음과 괴로워하는 생각이 지극한 정의(情誼)에서 나오는데, 여러 신하가 선왕(先王)의 유교(遺敎)를 가지고 육선(肉膳)을 드시도록 청한다면, 슬픔을 스스로 이기지 못하여 가슴이 메어서 능히 말조차 하지 못할 지경에 이를 것입니다. 매양 능침(陵寢)에 배알(拜謁)하여 상식(上食)의 예를 행하고, 혼전(魂殿)에는 삭망제(朔望祭)와 사시 향사(四時享祀)를 게을리하지 않으시니, 이것이 바로 전하께서 3년상 제도에 스스로 다하는 마음입니다.

이제 왕비를 맞아들이는 일은 부득이한 형세이니, 이것도 권도(편법)입니다. 하지만 어찌 갑자기 꺼린다고 하여 상례를 그만둘 수가 있겠습니까? 하물며, 이번에 왕비를 맞아들인 일은 전하의 본심에서 나온 게 아닙니다. 대신(大臣)들이 왕비 자리가 오랫동안 비어 있는 나머지, 매우 외롭고 위태로워 이 때문에 언제라도 역모가 일어날 수 있고, 후사(後嗣) 잇는 일을 빨리 하지 아니할 수가 없다고 하여, 왕비를 맞아들여 내조(內助)에 이바지하도록 청하였으나, 전하께서 거부하며 따르지 않았습니다.

이리하여 정부, 육조(六曹), 종친(宗親), 부마(駙馬), 공신(功臣), 문무 백관(文武百官)이 상소하여 여러 날 간청하자, 전하께서 여러 사람의 정에 쫓겨서 부득이 따르셨으니, 이것이 어찌 전하의 본심이겠습니까? 이미 종묘 사직의 대계(大計)를 위해 편법을 써서 청하고 또 이를 따랐지만, 그렇다고 해서 상제를 다 폐지하자고 한다면 이것은 실례(失禮) 중의 실례입니다. 전하께서 어찌 만세의 비웃음을 면하실 수 있겠습니까? 전하께서 진실로 선왕(先王)께 차마 할 수 없으며, 신 등도 특히 선왕께 차마 할 수 없을 뿐만 아니라, 또한 불미(不美)한 이름을 차마 전하에게 더할 수가 없습니다.

또 고삭례(告朔禮) 즉 옛날 주(周)나라 시대 임금이 매년 섣달에 달력을 제후(諸侯)에게 주면, '제후는 이를 선조의 사당에 두고 매월 초하루에 양(羊)을 삶아 바치고 고(告)하여 그달의 역을 얻어 내어 국중(國中)에 행하게 하던 예는 제후(諸侯)가 임금한테 명령을 받는 것이기에 예(禮)로서는 큰 것이었습니다. 그런데, 노(魯)나라에서는 이 고삭(告朔)의 예가 보이지 않으니, 예(禮)의 대체(大體)는 이미 없어진 채 희생으로 바치는 양(羊)이 빈 그릇에 놓였을 뿐이었습니다.

그 실상이 없어진 것으로서 무엇이 이보다 더 심하겠습니까마는, 그런데도 공자께서 이를 아끼신 것은 이 한 절차로 말미암아 그 실체를 회복하려고 하였던 것입니다. 이제 왕비를 맞이하는 하나의 절차 때문에 아울러 예의 대체(大體)를 없애버린 채, 음악을 듣고 즐거워하며, 비단옷을 입고 편안하다면, 이것은 선왕(先王)을 잊어버리는 것이니, 신 등은 그것이 가(可)한지를 알지 못하겠습니다.(중략)

둘째, (중략) 소헌왕후(昭憲王后) 상(喪)을 당하였을 때, 세종대왕(世宗大王)께서 대신(大臣) 등에게 명하여 상제를 의논하게 하니, 모두 역월(易月)의 제도[5] 즉 상례(喪禮) 기간을 줄이기 위하여 달[月]을 날[日]로 계산하여 단상(短喪)하던 제도를 행하도록 청하였습니다. 그러므로 세종께서 그대로 따랐으나, 이튿날

---

5   왕실의 상례를 일반인처럼 했다가는 국정 공백의 문제가 생기므로, 1일을 1월로 계산해 27일 만에 상복을 벗되, 그 이후의 기간은 마음으로만 예를 갖추도록 한 제도임.

집현전(集賢殿)에 전교(傳敎)하기를, '어제 상례를 의논하여 정하였으나, 다시 생각하여 보니 마음이 아직도 편치 않다. 옛 제도(古制)를 상고하여 다시 의논하여 아뢰어라.'라고 하였습니다.

이리하여 마침내 3년의 상제를 정하여 우리 조선(朝鮮) 억만세의 불변할 전례(典禮)로 삼았지만, 죽은 사람 때문에 산 사람의 건강을 상하게 할까 걱정하여, 졸곡(卒哭)[6] 뒤에는 모두 술을 마시고 고기를 먹도록 허락하였습니다. 만약 혹자의 설(說)대로라면 최복(衰服)과 3년상도 실상이 없는 쓸데없는 짓이 되는데, 아직 세종께서 실상이 없는 것이라 하여 철폐하였다는 말을 듣지 못하였습니다. 만약 '예(禮)에 술 마시고 고기 먹는 글이 있는데, 왕비를 맞아들이는 것은 술 마시고 고기 먹는 데 비할 것이 못된다.'고 한다면, 이것에 대해서도 설(說)이 있습니다. 《예기(禮記)》에 말하기를, '연제(練祭:아버지가 살아계실 때 돌아가신 어머니의 소상을 한 돌에서 열 한 달로 다가서 지내는 제사) 뒤에 채소와 과일을 먹으며, 상제(祥祭) 뒤에 고기를 먹는데, 처음으로 고기를 먹는 자는 먼저 마른 고기를 먹으며, 처음으로 술을 마시는 자는 먼저 예주(醴酒:단술)를 마신다.' 하였고, 《가례(家禮)》〈대상장(大祥章)〉에도 말하기를, '처음으로 술을 마시고 고기를 먹은 뒤에 다시 그친다.'고 하였습니다. 이것은 예(禮)를 제정한 성현(聖

---

6 삼우제 지낸 뒤에 곡을 마침.

賢)이 진실로 술을 마시고 고기를 먹는 것이 상제에 관계가 없다고 하여 이를 가볍게 논한 것이 아닙니다. 더구나 예(禮)에 술 마시고 고기 먹는 글이 있는 것은, 병든 자와 늙은 자를 위한 것인데, 병든 자가 병이 그치면 다시 처음과 같이 합니다.

지금의 여러 신하들이 과연 모두 늙고 또 병든 자입니까? 왕비를 맞아들이는 일이 또한 천하의 본심에서 나온 것입니까? 어찌 오로지 금일(今日)만을 기준으로 실상이 없는 것이라 하여, 위로 선왕(先王)의 유교(遺敎)가 없고 천하의 명도 없는데, 빨리 부왕의 상복을 벗어 조종(祖宗) 만세의 전례(典禮)를 허물어뜨리고자 합니까? 하물며 우리 문종(文宗)의 상(喪)이 겨우 몇 개월밖에 지나지 않았는데 차마 상복을 벗을 수 있겠습니까?

만약 '지금 비록 상복 입는 기간을 단축(短喪)한다 하더라도 후세에 반드시 3년의 상제를 회복할 것이다.'라고 한다면, 옛날 노(魯)나라 장공(莊公)의 상(喪) 때, 이미 장사하자 상복 차림으로 고문(庫門)에 들어가지 않았고, 사대부(士大夫)는 이미 졸곡(卒哭)하자 상복차림으로 들어가지 않았으니, 상제의 기강이 무너졌댔습니다. 문공(文公) 선공(宣公)도 이를 행하지 못하니, 이 뒤로부터 마침내 3년상이 행해지지 않았습니다.

상례 기간 단축(短喪)의 설(說)은 지극히 어리석고 수치스러움을 말하는 것이니, 재아(宰我: 공자의 제자)가 오히려 1년의 상기(喪期)면 가(可)할 것인가 하는 질문이 있었습니다. 지금 임금님

때 한 번 폐지하고 행하지 않는다면, 후세에 반드시 금일로 핑계를 삼아 3년상을 없애고 말 것이니, 작은 일이 아닙니다.

셋째, 지금 상제를 없애고자 한다면 반드시 종묘(宗廟)와 경희전(景禧殿)에 고하여야 할 것인데, 그렇게 한다면 무슨 명분으로 사연을 삼겠습니까? 역월(易月)의 제도로 한다고 이르겠습니까? 기년(期年)의 제도로 한다고 이르겠습니까? 3년의 상제로 마치겠다고 이르겠습니까? 또 왕비를 맞아들이는 것이 이미 부득이한 연고가 있었는데, 단상(短喪)하는 것이 무슨 부득이한 연고가 있겠습니까? 명분이 바르지 아니하고 말이 순하지 않다면 또한 신명(神明)과 교통(交通)할 수가 없을 것입니다. 세종과 문종의 하늘에 계신 영혼이, 우리 자손들이 진실로 부득이한 연고가 있어서 내가 만든 예(禮)를 무너뜨리고 나의 3년의 상을 벗는다고 기꺼이 말하겠습니까?

또 중국 조정의 사신(使臣)이 나온다면, 옛날에는 소복(素服)으로 이를 대접하였으나, 지금은 길복(吉服)을 착용할 것이 틀림없는데, 이것은 우리 나라의 단상(短喪)한 실례(失禮)를 천하에 폭로하는 것입니다. 또 상제(祥祭), 담제(禫祭) 두 제사와 부묘(祔廟:3년상이 끝난 임금을 종묘(宗廟)에 모시는 예)의 절차를 어떻게 하겠습니까? 만약 두 제사를 행한다면 이미 상제를 없애야 할 것이요, 만약 두 제사를 행하지 않는다면 신주(神主)를 종묘에 부묘할 수가 없을 것이요, 만약 종묘에 부묘한다면 3년의 상제를 이미 끝마쳤다고 장차 이르겠습니까? 지금 사람의 말을 불쌍히 여기지 아니하고 시비(是非)를 논하지 아니하고 경정 직행(徑情直行:곧이곧대로 행동함)하고자 하신다면 그만이지만, 만약 그 시비를 논하여 천리(天理)와 인정(人情)의 지극함에 합치되는 것을 구하고자 하신다면 금일의 단상(短喪)하는 일은 후세를 교훈하는 소이(所以)가 아닐까 합니다."

정인지(鄭麟趾)도 아뢰었다.

"상례 기간 단축(短喪)이 불가(不可)한 이유는 네 가지입니다. 첫째, 선왕(先王)의 법을 허물어뜨리는 것, 둘째, 성상의 덕(德)에 누(累)를 끼치는 것, 셋째, 당시의 대신(大臣)들이 후세(後世)에 죄를 얻는 것, 넷째, 일반 백성(下民)이 취할 법도가 없어지는 것 등입니다. 우리들의 말이 근거 없는 말이 아니라, 모두 공자(孔子) 맹자(孟子)가 하신 말씀입니다. 상례 기간을 단축(短喪)하자는 주장(說)은 오늘날 속물 천비(俗儒)의 편견(偏見)입니다."

박팽년(朴彭年)이 이어서 말하였다.

"조정(朝廷)에서 3년상 마치기 전에 권도(權道: 편법)를 따라 왕비를 맞아들이는 이유는, 성상께서 외롭고 위태로워 환관들이 변(變)을 일으킬까 염려해서입니다. 이제 왕비를 맞아들여 상례 기간을 다 지낸 다음에 내전(內殿)에 납시게 한다면, 이미 저희 신하들이 권도를 따라 청한 뜻을 잃지 않을 것이요, 전하께서도 선왕(先王)의 제도를 폐지하지 않게 될 것입니다."

이계전(李季甸), 정창손(鄭昌孫) 등이 말하였다.

"고금천하(古今天下)에 상중(喪中)에 술 마시고 고기 먹는 자는 간혹 있을 수 있으나, 상중(喪中)에 왕비를 맞아들이는 것은 경전(經傳)에 없는 일입니다. 그런데 이제 이미 왕비를 맞아들였으니, 왕비를 맞아들이는 날에 상례 제도(喪制)가 이미 허물어졌으므로 권도(權道)로써 길복(吉服)에 따르는 것이 편하겠습니다. 왕비를 맞아들인 뒤에 상복(喪服)을 도로 입는다면 길흉(吉凶)이 서로 뒤섞여 어느 때든 옳은 때가 없을 것입니다. 또 처음에 왕비를 맞아들이도록 청한 것은 세자가 없었기 때문이었는데, 이미 이를 요청하고 또 상례 제도(喪制)를 따른다면 전날 이를 청한 뜻이 땅을 쓸어버리듯 없어질 것입니다."

이변(李邊)도 말하였다.

"차길(借吉: 부모 상중의 혼인)한 뒤에 또 상례 제도(喪制)를 따른다면 궁중의 절차(節次)를 어떻게 처리하겠습니까? 신은 상례 기간 단축(短喪)이 불가(不可)하다는 것을 알지 못하는 바가 아니나, 일의 형편이 이와 같기 때문에 이를 위하여 부득이한 말입니다."

세조(世祖)가 말하였다.

"두 가지 의논이 모두 옳습니다. 그러나, 왕비를 맞아들인 뒤에 도로 상복을 입고서 내전(內殿)에 납실 수가 없습니다. 내전에 납신다면 길복(吉服)을 입은 다음에야 가능합니다. 이것은 진실로 국론(國論)으로 결단하기 어려운 것이나, 두 가지 중에서 차라리 후(厚)하게 하는 데에서 잃는 게 낫습니다. 또 대상(大祥)이 겨우 몇 개월 지났으니, 동뢰(同牢:신랑 신부가 서로 처음으로 만나서 술잔을 나누고 얼굴을 익히던 예)한 뒤에 마땅히 따로 거처하게 하여서 상제(喪制)를 마치게 하소서."
마침내 차길(借吉: 부모의 상중에 혼인하는 일)로써 정하였다.

-단종실록 10권, 단종 2년(1454) 1월 21일 계유 2번째기사 1454년 명 경태(景泰) 5년

****

우리는 조선후기의 예송(禮訟)을 기억합니다. 왕실의 인물이 죽었을 때, 상복을 3년간 입을 것인지, 1년간만 입을 것인지를 두고 벌어진 논쟁이지요. 현종과 숙종 초기에 벌어진 이 논쟁은, 국왕이나 일반인이나 동일한 예를 따라야 한다는 주장과 국왕의 예는 일반인과는 다르다는 주장의 대립이었습니다. 효종이 죽었을 때 계모가 3년 상복을 입을 것인지 1년 상복을 입을 것인지 다툰 게 그 시작이었고, 효종비가 죽었을 때는 그 할머니가 3년복을 입어야 할지 1년복을 입어야 할지를 두고 대립했습니다. 어느 당파의 의견을 받아들이나에 따라 정권이 바뀔 정도로 이 문제는 심각했습니다. 명분을 중시한 유교문화의 나라였기 때문이지요. 일종의 정책 대결이었지요.

위의 기록을 보면, 바로 이 예송(禮訟)입니다. 조선전기에도 같은 문제가 발생했다는 것을 알 수 있게 합니다. 그러고 보면 조선후기의 예송은 이미 전기에도 그 싹이 터 있었다고 하겠습니다. 그 양상을 들여다볼까요?

문종 2년(1452) 5월 14일, 문종이 죽자, 그 아들 단종이 상복을 입었습니다. 3년상 기간에는 혼인하지 않는 게 일반적이었으나, 후사를 염려한 신하들의 요청으로, 단종은 상중에 왕비를 맞아들입니다. 상중에 길례를 행한 것이지요.

단종의 혼례를 계기로 격렬한 논쟁이 벌어집니다. 길례를 행했으니 3년상 기간을 단축해 상복을 벗어야 한다는 주장과 계속 입어 3년을 다 채워야 한다는 주장이 대립하게 된 것이죠. 이 논쟁의 과정을 들여다보면 단계별로 진행되었습니다.

첫 번째, 3년상 기간 단축 불가론이 제기됩니다. 왕비를 맞이하기 위해 임시적으로 길복을 입었으나, 혼례가 끝났으니 다시 상복을 입어야 한다는 주장이었습니다. 3년상의 기간을 단축할 수 없다는 것이지요. 박중림(朴仲林)을 비롯해 정인지(鄭麟趾), 이사철(李思哲), 이계린(李季疄), 조혜(趙惠), 김조(金銚), 정척(鄭陟), 노숙동(盧叔仝), 어효첨(魚孝瞻), 홍원용(洪元用), 김순(金淳), 박팽년(朴彭年) 등의 견해였습니다.

두 번째, 위의 견해를 반박하는 의견이 나옵니다. 3년상 기간을 단축하자는 것이지요. 일단 혼례를 올려 왕비를 맞이했으니 다시 상복을 입을 필요가 없다는 주장입니다. 이계전(李季甸), 정창손(鄭昌孫), 이변(李邊), 박중손(朴仲孫), 이인손(李仁孫), 신석조(申碩祖), 이보정(李補丁), 안숭효(安崇孝), 최항(崔恒), 신숙주(申叔舟), 권자신(權自愼), 권람(權擥) 등의 견해였습니다.

세 번째, 상반된 위의 두 의견을 절충하는 견해가 제시됩니다. 3년상 기간을 지키는 것과 상중에 치른 혼례의 정신을 둘 다 존중하자는 절충안입니다. 박팽년이 처음 말을 꺼냅니다. 왕비를 맞아들여 상례 기간을 다 지낸 다음에 내전(內殿)에 납시게 한다면, 혼례도 존중하면서 상례도 온전히 지킬 수 있으리라는 의견입니다. 3년상을 고수하자는 쪽에 서 있으면서도, 박팽년은 반대편 주장의 핵심 동기를 존중함으로써 제3의 길을 모색한 셈입니다. 3년상은 유지하되 부부로 지내는 것은 유예하자고 한 것이지요. 아버지 박중림에 비해 다소 유연한 태도라 하겠습니다. 이같은 주장에 대하여, 이계전(李季甸) 정창손(鄭昌孫), 이변(李邊)이 완강하게 비판합니다. 상복을 벗고 길복을 입었다가 다시 상복을 입으면 예법이 교란된다는 주장이었습니다. 박팽년이 꺼낸 절충론을 또렷하게 완성시킨 인물은 세조입니다. 왕과 왕비가, 동뢰(同牢) 즉 신랑 신부가 서로 처음으로 만나 술잔을 나누고 얼굴을 익히던 예만 가진 뒤 따로 거처하게 하여서 3년상을 마치게 하자고 한 것입니다. 이로써 문종의 3년상 기간에 벌어진 예송 논쟁은 마무리됩니다.

조선전기의 예송 논쟁이라 할 수 있는 위의 토론은 조선후기의 예송 논쟁과 어떤 차이가 있을까요? 전기는 후기처럼 과열되지 않았으며, 논쟁의 결과 정권이 바뀌지도 않았습니다. 원만히 해결되고 있습니다. 어느 하나만이 옳다고 하지 않고, 반대편의 논리에도 일리가 있다고 보아 절충하려고 하는 자세가 있어서 그런 결과에 이르렀다고 보입니다. 다분히 형식논리에 치우친 조선후기에 비해, 조선전기에서는 합리적인 토론 문화의 분위기를 엿볼 수 있습니다.

21세기인 오늘날에 보아도 부러운 대목입니다. 남북이 분단된 상황에서 우리 내부에는 여러 갈등과 대립이 있습니다. 일방적으로 자신만이 옳다고 주장하면 충돌할 수밖에 없습니다. 좀더 대국적인 견지에서, 두 의견이 모두 국익과 공동체 전체의 유익을 위해 나온 것이라고 존중하는 마음으로 대화한다면, 얼마든지 윈윈할 수 있는 결론을 도출할 수 있지 않을까요? 박중림도 참여했던 이 토론에서 그 선례를 엿볼 수 있다고 생각합니다.

●●● 〈조선왕조의 왕실 상례〉(출처: 구글이미지)

10

단종 복위 사건의 가담자로 밝혀진 박중림

성균 사예(成均司藝) 김질(金礩)이 그 장인인 의정부 우찬성(議政府右贊成) 정창손(鄭昌孫)과 더불어 청하였다.

"비밀히 아뢸 것이 있습니다."

임금(세조)이 사정전(思政殿)에 나아가서 인견(引見)하였다. 김질이 아뢰었다.

"좌부승지(左副承旨) 성삼문(成三問)이 사람을 시켜서 신을 보자고 청하기에 신이 그 집에 갔더니, 성삼문이 한담을 하다가 이렇게 물었습니다. '근일에 혜성(彗星)이 나타나고, 사옹방(司饔房)의 시루가 저절로 울었다니, 장차 무슨 일이 있을 것인가?' 제가 대답했습니다. '과연 앞으로 무슨 일이 있기 때문일까?' 성삼문이 또 말했습니다. '근일에 상왕(단종)이 창덕궁(昌德宮) 북쪽 담장 문을 열고 이유(李瑜:금성 대군)의 옛집에 왕래하시는데, 이것은 필시 한명회(韓明澮) 등의 건의에 따른 것이겠지.' 제가 물었습니다. '무슨 말인가?' 성삼문이 말했습니다. '그 자세한 것은 아직 알 수 없다. 그러나 상왕(上王)을 좁은 곳에다 두고, 한두 사람의 역사(力士)를 시켜 담을 넘어 들어가 반역을 도모하려는 것에 지나지 않는다.' 이윽고 또 말하였습니다. '상왕(上王)과 세자(世子)는 모두 어린 임금이다. 만약 왕위에 오르기를 다투게 된다면 상왕을 보필하는 것이 정도(正道)이다. 모름지기 그대의 장인(정창손)을 타일러 보라.' 이렇게 말하기에, 제가 말했습니다. '그럴 리 만무하겠지만, 가령 그런 일이 있다 하더라도 우리 장인이 혼자서 어떻게 할 수 있겠는가?' 그러자 성삼문이 말했습니다. '좌의정(左議政) 한확(韓確)은 북경(北京)에 가서 아직 돌아오지 아니하였고, 우의정(右議政:이사철(李思哲)은 본래부터 결단성이 없으니, 윤사로(尹師路) 신숙주(申叔舟) 권람(權擥) 한명회(韓明澮) 같은 무리를 먼저 제거해야 마땅하다. 그대의 장인은 사람들이 다 정직하다고 하니, 이러한 때에 창의(唱義)하여 상왕(上王)을 다시 세운다면 그 누가 따르지 않겠는가? 신숙주는 나와 서로 좋은 사이지만 죽어야 마땅하다.' 이렇게 말하였습니다. 제가 처음에 더불어 말할 때에는 성삼문은 본래 언사(言辭)가 너무 높은 사람이므로, 이 말도 우연히 하는 말로 여겼는데, 이 말을 듣고 나서는 놀랍고도 의심스러워서 다그쳐

물었습니다. '역시 그대의 뜻과 같은 사람이 또 있는가?' 그러자 성삼문이 말하였습니다. '이개(李塏) 하위지(河緯地) 유응부(俞應孚)도 알고 있다.'"

임금이 명하여 숙위(宿衛)하는 군사들을 집합시키게 하고, 급하게 승지(承旨)들을 불렀다. 도승지 박원형(朴元亨), 우부승지 조석문(曹錫文), 동부승지 윤자운(尹子雲)과 성삼문(成三問)이 입시(入侍)하였다. 내금위(內禁衛) 조방림(趙邦霖)에게 명하여 성삼문을 잡아 끌어내어 꿇어 앉힌 다음에 물었다.

"네가 김질과 무슨 일을 의논했느냐?"

성삼문이 하늘을 우러러보며 한참 동안 있다가 말하였다.

"청컨대 김질과 면질(面質)하고서 아뢰겠습니다."

김질에게 명하여 말하게 하니, 말이 채 끝나기도 전에 성삼문이 말하였다.

"다 말하지 말라."

그리고는 이어 말하였다.

"김질이 말한 것이 대체로 같지만, 그 곡절은 사실과 다릅니다."

임금이 성삼문에게 일렀다.

"네가 무슨 뜻으로 그런 말을 하였는가?"

성삼문이 대답하였다.

"지금 혜성(彗星)이 나타났기에 신은 참소(讒訴)하는 사람이 나올까 염려하였습니다."

임금이 명하여 결박하게 하고 말하였다.

"너는 반드시 깊은 뜻이 있을 것이다. 내가 네 마음을 들여다 보기를 폐간(肺肝)을 보는 듯하고 있으니, 사실을 소상하게 말하라."

명하여 곤장을 치게 하였다. 성삼문이 말하였다.

"신은 그밖에 다른 뜻이 없었습니다."

임금이 같이 공모한 자를 물었으나 성삼문은 말하지 아니하였다. 임금이 말하였다.

"너는 나를 안 지 가장 오래 되었고, 나도 너를 대접함이 극히 후하였다. 지금 네가 비록 그 같은 일을 하였다고 하더라도 내 이미 친히 묻는 것이니, 네가 숨기는 것이 있어서는 안 된다. 네 죄의 경중(輕重)도 역시 나에게 달려 있다."

그러자 대답하였다.

"진실로 상교(上敎)와 같습니다. 신은 벌써 대죄(大罪)를 범하였으니, 어찌 감히 숨김이 있겠습니까? 신은 박팽년(朴彭年), 이개(李塏), 하위지(河緯地), 유성원(柳誠源)과 같이 공모하였습니다."

임금이 말하였다.

"그들뿐만이 아닐 것이니, 네가 모조리 말함이 옳을 것이다."

그러자 대답하였다.

"유응부(兪應孚)와 박쟁(朴崝)도 알고 있습니다."

명하여 하위지를 잡아들이게 하고 물었다.

"성삼문이 너와 함께 무슨 일을 의논하였느냐?"

그러자 대답하였다.

"신은 기억할 수 없습니다."

임금이 말하였다.

"성변(星變: 별의 위치나 빛에 생긴 이상)의 일이다."

그러자, 대답하였다.

"신이 전날 승정원(承政院)에 이르러서야 비로소 성변을 알게 되었습니다."

"임금이 말하였다.

"성변의 일로 인하여 반역을 같이 공모했느냐?"

"하위지는 말하지 아니하였다. 또 이개에게 물었다.

"너는 내 옛 친구였으니, 참으로 그러한 일이 있었다면 네가 모조리 말하라."

"이개가 말하였다.

"알지 못합니다."

"임금이 말하였다.

"이 무리는 즉시 엄한 형벌을 가하여 국문(鞫問)함이 마땅하나, 담당 관리가 있으니, 의금부에 하옥하라."

그러고 나서, 여러 죄수가 나간 다음에 임금이 말하였다.

"전일에 나 수양대군 이유(李瑈)의 집 정자를 상왕(上王 : 단종)께 바치려고 할 때 성삼문이 내게 이르기를, '상왕께서 이곳에 왕래하게 되신다면 참소하고 이간질하는 사람이 있을까 염려됩니다'라고 하기에 경박하다고 여겼더니, 지금 과연 이와 같구나."

임금이 윤자운(尹子雲)을 노산군(魯山君 : 단종)에게 보내어 고하였다.

"성삼문은 심술이 좋지 못하지만, 학문을 조금 알기 때문에 정원(政院)에 두었습니다. 그런데, 근일에 일에 실수가 많아 예방(禮房)에서 공방(工房)으로 바꿨더니, 마음으로 원망을 품고 말을 만들어내어 이렇게 말했습니다. '상왕께서 이유(李瑈) 집에 왕래하는 것은 필시 몰래 불측한 일을 꾸미고 있는 것이다'라 하고, 대신들을 모조리 죽이려고 하였으므로, 이제 방금 그를 국문(鞫問)하는 참입니다."

"노산군이 명하여 윤자운에게 술을 먹이게 하였다. 공조 참의(工曹參議) 이휘(李徽)는 사실이 발각되었다는 말을 듣고, 승정원에 나와서 아뢰었다.

"신이 전일에 성삼문의 집에 갔더니, 마침 권자신(權自愼), 박팽년(朴彭年), 이개(李塏), 하위지(河緯地), 유성원(柳誠源)이 모여서 술을 마시고 있었습니다. 성삼문이 말하기를, '자네는 시사(時事)를 알고 있는가?' 하고 묻기에, 신이 '내가 어찌 알겠나?'

하였더니, 성삼문이 좌중을 눈짓하면서 말하기를, '자네가 잘 생각하여 보게나. 어찌 모르겠는가?' 하였습니다. 신이 묻기를, '그 의논을 아는 사람이 몇 사람이나 되는가?' 하였더니, 성삼문이 대답하기를, '박중림(朴仲林)과 박쟁(朴崝) 등도 알고 있다' 하기에, 신이 곧 먼저 나와서 즉시 아뢰고자 하였으나, 아직 그 사실을 알지 못하였기 때문에 감히 즉시 아뢰지 못하였습니다."

임금이 사정전(思政殿)으로 나아가서 이휘를 인견하고, 다시 성삼문 등을 끌어들이고, 또 박팽년 등을 잡아와서 친히 국문하였다. 박팽년에게 곤장을 쳐서 한패가 누군지 물으니, 박팽년이 대답하였다.

"성삼문(成三問), 하위지(河緯地), 유성원(柳誠源), 이개(李塏), 김문기(金文起), 성승(成勝), 박쟁(朴崝), 유응부(俞應孚), 권자신(權自愼), 송석동(宋石同), 윤영손(尹令孫), 이휘(李徽)와 신의 아비였습니다."

다시 물으니 대답하였다.

"신의 아비까지도 숨기지 아니하였는데, 하물며 다른 사람을 대지 않겠습니까?"

그 시행하려던 방법을 물으니, 대답하였다.

"성승 유응부 박쟁이 모두 별운검(別雲劍·운검(雲劍)을 차고 임금을 옆에서 모시던 무관(武官)의 임시 벼슬)이 되었으니, 무슨 어려움이 있겠습니까?"

그 시기를 물으니 대답하였다.

"어제 연회에 그 일을 하고자 하였으나 마침 장소가 좁다 하여 운검(雲劍)을 없앤 까닭에 뜻을 이루지 못하였습니다.【대개 어전(御殿)에서는 2품 이상인 무반(武班) 2명이 큰 칼을 차고 좌우에 시립(侍立)하게 되어 있다. 이날 임금이 노산군과 함께 대전에 나가게 되고, 성승 유응부 박쟁 등이 별운검(別雲劍)이 되었는데, 임금이 전내(殿內)가 좁다고 하여 별운검을 없애라고 명하였다. 성삼문이 승정원(承政院)에 건의하여 없앨 수 없다고 아뢰었으나 임금이 신숙주(申叔舟)에게 명하여 다시 전내(殿內)를 살펴보게 하고, 드디어 별운검이 들어가지 말게 하였다.】후일에 관가(觀稼:임금이 농작물의 작황(作況)을 돌아보던 일)할 때 노상(路上)에서 거사(擧事)하고자 하였습니다."

이개에게 곤장을 치고 물으니, 박팽년과 똑같이 대답하였다. 나머지 사람들도 다 공초(供招:죄인을 신문한 기록문서)에 승복(承服)하였으나, 오직 김문기(金文起)만이 공초(供招)에 불복(不服)하였다. 밤이 깊어지자 모두 하옥하라고 명하였다. 도승지 박원형(朴元亨), 좌참찬 강맹경(姜孟卿), 좌찬성 윤사로(尹師路), 병조 판서 신숙주(申叔舟), 형조 판서 박중손(朴仲孫) 등에게 명하여 의금부 제조(義禁府提調), 파평군(坡平君) 윤암(尹巖), 호조 판서 이인손(李仁孫), 이조 참판 어효첨(魚孝瞻)과 대간(臺諫) 등과 함께 같이 국문(鞠問)하게 하였다. 유성원(柳誠源)은 집에 있다가 일이 발각된 것을 알고 스스로 목을 찔러 죽었다.

-세조 2년(1456) 6월 2일

****

위 기록을 보면, 단종 복위 사건의 진상이 아주 잘 드러나 있습니다. 김질이 장인인 정창손한테 밀고하는 대목에서부터, 공모자 전원이 밝혀져 투옥되기까지의 과정이 나타나 있습니다. 그 내용을 다시 정리해 봅니다.

(1) 밀고자 : 김질(정창손의 사위)

(2) 첫 피의자 : 성삼문

(3) 세조 제거의 직접적인 동기 : 성변(星變). 맨 처음 잡혀들어가 문초 받은 인물은 성삼문이었습니다. 김질이 고변한 내용을 보면, 단종 복위를 위해 거사하는 배경에 자연현상의 변화가 작용하고 있어 흥미롭습니다. "근일에 혜성(彗星)이 나타나고, 사옹방(司饔房)의 시루가 저절로 울었다니, 장차 무슨 일이 있을 것인가?" 이렇게 성삼문이 김질한테 물으면서 접근했다는 데서 이 점을 확인할 수 있습니다. 하늘에 혜성이 출현하고, 지상에 시루가 자동으로 울리는 현상을, 불길한 징조로 보았으며, 하늘의 심판으로 해석했다고 여겨집니다.

자연현상을 국가의 운명과 연관 짓는 일은 고대부터 있었습니다. 고대 중국의 천문관에서 살별 즉 혜성의 출현은 나쁜 기운의 도래로 인식되었습니다. 그래서 혜성이 나타나면 역사기록에 남겼습니다. 별의 위치나 색이 달라지는 현상을 성변(星變)이라고도 했습니다. 삼국사기, 삼국유사, 고려사를 이어 조선왕조실록에서도 숱하게 나옵니다. 조선 태조와 태종대의 기록 두 가지를 보이면 다음과 같습니다.

*태조실록 6권, 태조 3년(1394) 9월 15일
 성변(星變)으로 인하여 이죄(二罪) 이하의 죄수를 용서하고, 재상들로 하여금 각각 현재 행하고 있는 정치의 잘하고 못하는 것과 백성들의 이롭고 해되는 것을 말하게 하였다.

*태종실록 15권, 태종 8년(1408) 5월 22일
 사간원(司諫院)에서 민무구(閔無咎), 민무질(閔無疾)의 죄를 청하였는데, 그 소(疏)에 일렀다.
 "(중략) 지난해에 가뭄이 심하여 기근(飢饉)이 거듭 이르렀고, 지금 여름철을 당하여 서리가 내리고 안개가 끼며, 지진(地震)이 일고 바람이 차니, 이것은 무구 등이 반역을 음모(陰謀)한 소치(所致)입니다. 또 하나, 전하께서 형벌을 잘못하여서 그런 것이 아닌가 하여 저희는 두렵습니다. 옛적에 성왕(成王)이 죄인(罪人)을 잡으매, 하늘이 바람을 돌리[反風]고, 세월(歲月)이 풍년(豐年)이 들었으니, 하늘과 사람이 서로 감응(感應)하는 이치

가 현저하지 않습니까? 듣자옵건대, 무구와 무질 등이 조정 사신(朝廷使臣)을 끌어들여 참소(讒訴)를 당했다고 호소하여, 도리어 전하로 하여금 참소를 믿게 하였다 하니, 그 흉악한 죄를 어찌 이루 다 말할 수 있겠습니까? 엎드려 바라옵건대, 전하께서는 은혜를 끊고 법(法)대로 거행하여 그 죄를 제대로 밝혀서, 천지(天地)의 마음에 답(答)하고 신민(臣民)의 바람[望]에 시원케 하소서."

위에 보인 두 사례를 보면, 성변(星變)이 생기거나 여름철의 서리, 안개, 지진, 찬 바람 등의 자연 재해가 있을 경우, 이를 하늘의 감응으로 여기고 있습니다. 죄인의 악행에 대한 응징이거나, 왕이 정치를 잘못할 경우에 하늘이 경고하는 현상으로 보고 있는 것이죠.

주모자인 성삼문이 세조를 제거하려고 마음먹는 데도, '성변(星變)'이 중요한 변수로 작용하였다고, 성삼문 스스로 밝히고 있습니다. "근일에 혜성(彗星)이 나타나고, 사옹방(司饔房)의 시루가 저절로 울었다니, 장차 무슨 일이 있을 것인가?" 이렇게 말하며 성삼문이 김질을 포섭하려 했다는 대목을 보아 알 수 있습니다. 혜성 출현과 지진을 자연 현상으로 여기지 않고, 하늘이 세조를 징계하는 징조로 해석해, 세조를 제거하는 명분으로 삼았던 것이죠. 유교를 신봉하는 사대부들도 합리적으로만 움직인 게 아니라는 것을 보여주어 흥미롭습니다.

(4) 성삼문과 박팽년의 문초로 드러난 공모자의 전모 : 성삼문(成三問), 박팽년(朴彭年), 하위지(河緯地), 유성원(柳誠源), 이개(李塏), 김문기(金文起) 성승(成勝), 박쟁(朴崝), 유응부(俞應孚), 권자신(權自愼), 송석동(宋石同) 윤영손(尹令孫), 이휘(李徽), 박중림(朴仲林).

세조가 직접 성삼문을 문초합니다. 그 과정에서 공모자가 밝혀집니다. 박팽년(朴彭年), 이개(李塏), 하위지(河緯地), 유성원(柳誠源), 유응부(俞應孚), 박쟁(朴崝)이었습니다. 문초 대목에서, 세조가 성삼문한테 한 말 가운데 의미심장한 게 있습니다. "너는 나를 안 지 가장 오래 되었고, 나도 너를 대접함이 극히 후하였다."라고 한 말입니다. 이를 보면 개인적으로 세조와 성삼문은 퍽 가까웠다는 것을 알 수 있습니다. 그런데도 대의를 위해, 성삼문은 세조를 제거하고 상왕인 단종을 복위하려 했던 것이죠. 사적인 관계보다, 문종의 유지를 따르고 왕권의 정통성 회복을 위해 과감히 그 일을 주도한 셈입니다.

성삼문에 이어, 공모자인 박팽년에 대한 문초가 이어집니다. 공모자가 더 밝혀집니다. 그 전부를 보이면 이렇습니다.

"성삼문(成三問), 박팽년(朴彭年), 하위지(河緯地), 유성원(柳誠源), 이개(李塏), 김문기(金文起), 성승(成勝), 박쟁(朴崝), 유응부(俞應孚), 권자신(權自愼), 송석동(宋石同), 윤영손(尹令孫), 이휘

(李徽), 박중림(朴仲林)."

이 가운데 맨 마지막 박중림(朴仲林)은 박팽년의 부친입니다. "신의 아비까지도 숨기지 아니하였는데, 하물며 다른 사람을 대지 않겠습니까?"라고 한 박팽년의 진술처럼, 단종 복위 운동을 떳떳한 일이라고 여겼던 박팽년의 자세를 확인할 수 있습니다.

(5) 계획상의 거사 장소와 시기 및 세조 제거 담당자 : 명나라 사신 초대연이 열리는 창덕궁에서(이 내용은 다른 기록으로 보충한 것임), 별운검(임금의 호위 무신)인 성승 유응부 박쟁 등이 맡기로 함.

(6) 거사 실패 이유 : 통로가 좁아 별운검을 생략하기로 결정되어 다음 기회로 미룬 상태에서 김질이 밀고함으로써 실패함.

(7) 사건의 결말 : 성삼문, 박팽년, 이개의 신문에 이어, 나머지 사람들의 공초(供招 : 죄인을 신문한 기록문서)를 받았으나, 김문기(金文起)만 공초(供招)에 불복(不服)하였음. 유성원(柳誠源)은 집에 있다가 일이 발각된 것을 알고 스스로 목을 찔러 죽었음. 다른 인물도 모두 죽음을 당함(다른 기록 참고).

이 기록을 읽으면서 한 가지 궁금할 수 있습니다. 세조가 왜 잔치 당일에 갑자기 별운검을 생략하는 조처를 취해 살아남았나 하는 점이죠. 늘 운검을 대동하고 사신을 접대하던 그곳에서 왜 그날만은, 통로가 좁다며 생략했는가 하는 의문입니다. 실록에는 더 이상의 언급이 없으나, 세조를 도왔던 한명회의 신도비문에 그 이유가 나옵니다. 세조 제거 계획을 한명회가 미리 알아차려, 세조에게 운검을 생략하라 주청한 것입니다. 이것을 보면, 한명회의 정보력이 얼마나 대단했는지 알 수 있으며, 그 덕분에 세조는 살해를 면하고, 계속 집권한 셈입니다.

세조가 왕이 되어 국방력을 강화하는 등 여러 치적을 쌓았습니다만, 왕위를 물려받지 않고, 그냥 단종 옆에서 영의정으로서 충직하게 보좌했더라면 어땠을까 하는 아쉬움도 있습니다. 아마 그러기에는 수양대군의 정치적 야망이 너무 컸던 것이겠죠?

●●● 〈성삼문 표준영정〉　　●●● 〈박팽년 표준영정〉

11

반역 죄인으로 몰려 죽임당한 박중림

의금부에서 아뢰었다.

"이개, 하위지, 성삼문, 박중림, 김문기, 유응부, 박쟁, 송석동, 권자신, 윤영손, 아가지, 불덕 등이 결당하여 어린 임금을 끼고 나라의 정사를 마음대로 할 것을 꾀하여, 6월 초1일에 거사하려 하였으니, 그 죄는 능지 처사(凌遲處死)에 해당합니다. 적몰(籍沒)과 연좌(緣坐)도 아울러 율문(律文)에 의하여 시행하소서."

임금이 명하였다.

"아가지와 불덕은 연좌시키지 말고, 나머지 사람들은 친자식들을 모조리 교형(絞刑)에 처하고, 어미와 딸, 처첩(妻妾), 조손(祖孫), 형제(兄弟), 자매(姉妹)와 아들의 처첩은 변방 고을의 노비로 영속시키고, 나이 16세 미만인 자는 외방에 보수(保授)하었다가 나이가 차기를 기다려서 안치(安置)시키며, 나머지는 아뢴 대로 하라."

드디어 백관(百官)들을 군기감(軍器監) 앞 길에 모아서, 빙 둘러 서게 한 다음, 이개 등을 환열〔(轘裂:수레로 찢어 죽임. 거열(車裂)〕 하여 두루 보이고, 3일 동안 저자에 효수(梟首)하였다. (이하 생략)

-세조 2년(1456) 6월 8일

****

박중림 등에 대한 처형이 어떻게 이루어졌는지 보여주는 기록입니다. 의금부에서 능지처사에 해당하는 중죄라고 하여, 거열형에 처해집니다. 친자식들은 교수형에 처하고, 여성들은 변방 고을의 노비로, 16세 미만인 가족은 먼 지방의 민간인에게 우선 맡겨 두게 하였습니다. 직계 남성은 다 죽이고, 여인들마저 이산가족을 만들어 버린 거죠. 신분제 사회인 조선에서, 상층 신분으로 살다가 천민인 노비로 전락하는 것은 감당하기 어려운 일이었을 겁니다.

한편 단종복위운동 가담자들에 대한 거열형은 군기감 앞 길에서 시행되었습니다. 능지처사형과 거열형에는 약간의 차이가 있습니다. 능지처사는 산채로 회를 뜨는 형으로서 아주 잔인한 처벌입니다. 단종복위운동 가담자에 대한 형벌은 능지처사가 아니라 거열이었습니다. 소나 말이 끄는 수레에 죄수의 사지를 묶어 찢어 죽인 것이죠. 여러 관료를 모아 그 현장에 둘러서게 한 다음, 이들이 보는 앞에서 수레로 찢어 죽였습니다. 그런 다음, 3일간 저자 거리에 그 목을 매달아 두고 했습니다.

효도를 강조하는 조선에서 신체를 훼손하는 것은 조상 앞에 큰 불효였습니다. 몸을 찢고 목을 베어 게시한 것은 바로 이 점을 노린 처사였지요. 신하들로 하여금, 반역죄를 지으면 불효자가 된다는 사실을 생생히 목격하게 한 것입니다.

이날, 이조판서였던 박중림, 그 아들 5형제(팽년, 인년, 기년, 대년, 연년), 박팽년의 아들 3형제(헌, 순, 분)등 9명이 죽임을 당했다고 합니다. 그러므로 그 직계 후손이 없는 게 당연하지만, 기적이 일어나 대가 이어지죠. 그때 취금헌 박팽년의 둘째 아들 순의 부인이 임신 중이었는데, 아들이면 죽이고 딸이면 노비를 삼으라는 명이 떨어졌다죠. 아들이어서 죽어야 했으나, 마침 그때 딸을 낳은 몸종이 주인 아들과 바꿔치해서 둘 다 살리는 기지를 발휘해 이름조차 박비(朴婢)로 행세했다죠. 세월이 흐른 후 성종 때, 박비의 이모부 이극균이 경상도관찰사로 부임해서 조정에 건의하여 용서를 받고, 박비는 박일산(朴壹珊)으로 임금이 내린 이름과 사복시정이란 벼슬까지 얻어 대구 묘골에 터 잡고 대를 이을 수 있었답니다.

전설 하나가 더 있습니다. 취금헌이 세조로부터 혹독한 고문을 받을 때 "네가 충청감사로 있으면서 올린 장계에 신(臣)이라 했거늘 지금 와서 어찌 내 말을 거역하느냐?" 그러자 취금헌 왈 "한 번도 신(臣)자를 쓴 일이 없습니다." 그래서 장계를 뒤져보니 신(臣)자 써야할 곳에 거(巨)자로 표기되어 있었다고 하죠. 세조를 임금으로 여기지 않고 단종을 유일한 왕으로 인정했던 것이죠.

박중림에 대한 교수형으로 형벌이 종결된 것은 아니었습니다. 바로 이어 소유 재산에 대한 압수 조치가 내려집니다. 여러 곳에 분산되어 있던 박중림 및 그 아들들 소유의 토지를 이 사람 저 사람한테 넘겨주도록 합니다.

"박중림(朴仲林), 박팽년(朴彭年), 박기년(朴耆年), 박인년(朴引年), 박대년(朴大年), 박영년(朴永年), 봉여해(奉汝諧)의 신창(新昌) 전지, 박수(朴遂)의 광주(廣州) 전지는 영천 부원군(鈴川府院君) 윤사로(尹師路)에게 내려 주고, 이개(李塏)의 한산(韓山) 전지, 성삼문(成三問)의 예산(禮山) 전지, 이유기(李裕基), 이오(李午)의 풍덕(豐德) 전지, 박중림(朴仲林)의 아산(牙山) 전지, 최사우(崔斯友)의 해미(海美) 전지, 봉뉴(奉紐)의 온양(溫陽) 전지, 윤영손(尹令孫)의 회덕(懷德) 전지, 이개(李塏)의 임피(臨陂) 전지는 전 판원사(判院事) 이계전(李季甸)에게 내려 주고…"

"이개(李塏) 심신(沈愼) 송석동(宋石同)의 충주(忠州) 전지, 최득지(崔得池)의 수원(水原) 전지, 박중림(朴仲林)의 과천(果川) 전지, 조청로(趙淸老)의 양천(陽川) 전지는 좌참찬(左參贊) 황수신(黃守身)에게 내려 주고…"

"박중림(朴仲林)의 석성(石城) 전지, 박팽년(朴彭年)의 삭녕(朔寧) 전지, 아지(阿只) 성삼문(成三問)의 고양(高陽) 전지는 병조 판서

홍달손(洪達孫)에게 내려주고…"

"박중림(朴仲林), 박기년(朴耆年), 박영년(朴永年)의 전의(全義) 전지, 성승(成勝) 최사우(崔斯友), 박팽년(朴彭年)의 천안(天安) 전지, 박중림(朴仲林)의 연기(燕岐) 전지 천안(天安) 전지는 우승지(右承旨) 윤자운(尹子雲)에게 내려 주고, 성승 박중림(朴仲林)(成勝)의 낙안(樂安) 전지, 금천(衿川) 전지, 원평(原平) 전지는 좌부승지(左副承旨) 한계미(韓繼美)에게 내려 주고…"[세조 3년(1457) 3월 23일]

이 기록을 보면, 박중림의 토지가 있던 곳은 여러 군데였습니다. 신창(新昌), 아산(牙山), 과천(果川), 석성(石城), 전의(全義), 연기(燕岐), 천안(天安), 낙안(樂安), 금천(衿川), 원평(原平) 등 열 군데였다. 충청, 경기, 전라 3개의 도에 걸쳐 있었습니다.

이들 토지를 여러 사람에게 나눠주었습니다. 하기야 3대를 죽였으니 남아서 경작할 사람도 없었다. 설령 남아 있더라도 살아갈 수 없게 하는 조치라고 하겠지요. 위 의금부의 요청 가운데 "적몰(籍沒)과 연좌(緣坐)도 아울러 율문(律文)에 의하여 시행하소서"라고 한 것이 바로 이것을 의미합니다. 소유 재산에 대한 몰수 조치죠. 아울러 연좌제도 발동시켜, 후손들에게 불이익을 주게 하였으니, 역적으로 몰리는 순간 그 처벌은 가혹하기 짝이 없었다 하겠습니다.

현재 서울 중구 필동에 있는 '한국의 집'에 가면, 그곳이 박팽년의 생가였다는 안내문이 세워져 있는데, 아버지인 박중림이 살았던 집이라 하겠습니다. 그곳에서 부자가 함께 살다가, 이때 역적으로 몰려 사형당하면서, 이 집도 몰수되어 남의 소유였다가, 현재의 '한국의 집'으로 전해진다 하겠습니다. 더 이상 박 씨 문중의 소유가 아니지만, 건물이라도 남아 있으니 다행한 일이죠.

●●● 〈조선후기 외국인의 눈에 비친 거열형〉

●●● 〈박팽년의 생가 터(박중림이 살았던 집터) : 현재 서울 중구 필동 '한국의 집'〉

12

박중림의 복관(復官)

예조 판서 엄숙이 박팽년의 부 박중림과 성삼문의 부 성승의 복관 가자를 아뢰니 품처하다

예조 판서 엄숙(嚴璹)이 아뢰었다.

"고 충신 박팽년(朴彭年)의 아버지 이조 판서 박중림(朴仲林)과 성삼문(成三問)의 아버지 도총관(都摠管) 성승(成勝)은, 사육신(死六臣)과 같은 날 사형을 당하였으니 충절(忠節)이 조금도 다름이 없습니다. 그런데 박중림은 선조(先朝) 기미년에 복관(復官)이 되었습니다만, 성승의 경우는 아직까지 복관이 되지 않았으니, 참으로 흠전(欠典)입니다."

복관(復官)하도록 명하였다. 엄숙(嚴璹)이 말하였다.

"총관(摠管)은 본래 겸함(兼銜)이니, 박중림과 성승에게 아울러

한 자급(資級)을 올려서 증직(贈職)하는 것이 적합하겠습니다."

그대로 따랐다. 좌의정 이복원(李福源)이 아뢰었다.

"예조 당상관이 아뢴 바는 진실로 그의 직분일 뿐입니다. 그런데 아무 품계에 아무 관직으로 더하여 증직(贈職)하도록 곧장 주청한데 이르러서는, 일이 미안(未安)한데 관계됩니다. 추고(推考)하기를 요청합니다."

추고하지 말라고 명하였다.

-정조 8년(1784) 윤3월 10일

****

복관(復官)은 글자 뜻 그대로, 원래의 관직으로 회복시켜 주는 조치입니다. 완전한 명예 회복이라 하겠습니다. 위 기록을 보면, 성승보다 박중림의 복관이 먼저 이루어졌던 것을 알 수 있습니다. 성승의 복관을 청하면서, 박중림과 성승의 계급을 하나씩 올려주자는 예조판서 엄숙의 의견에 임금이 허락하였다. 한 계급 올리자는 의견에 대하여, 좌의정 이복원이 이의를 제기하며 더 조사하기를 요청였으나, 임금이 더 조사하지 말라 명하였다. 증의정부좌찬성(贈議政府左贊成)이 된 것입니다.

박중림을 비롯해 공모자 전원이, 세조 당시에는 역적으로 몰려 처형당했으나, 후대에 모두 복권된 것은 역사가 무엇인지 생각하게 합니다. 시간이 흐르면, 역적이 충신으로 재평가될 수도 있다는 사실을 확인시켜 주는 대목입니다.

 박중림 등 단종복위운동에 가담했다가 처형당한 인물들의 경우가 그 사례라 하겠습니다. 천수도 누리지 못하고 비명에 갔으나, 가치 있는 삶으로 인정받아 관직을 회복했으니, 긴 안목으로 보면 결코 실패한 인생이 아니라고 하겠습니다. 짧게 살다 가지만, 영원히 사는 게 역사의 무대인 듯합니다.

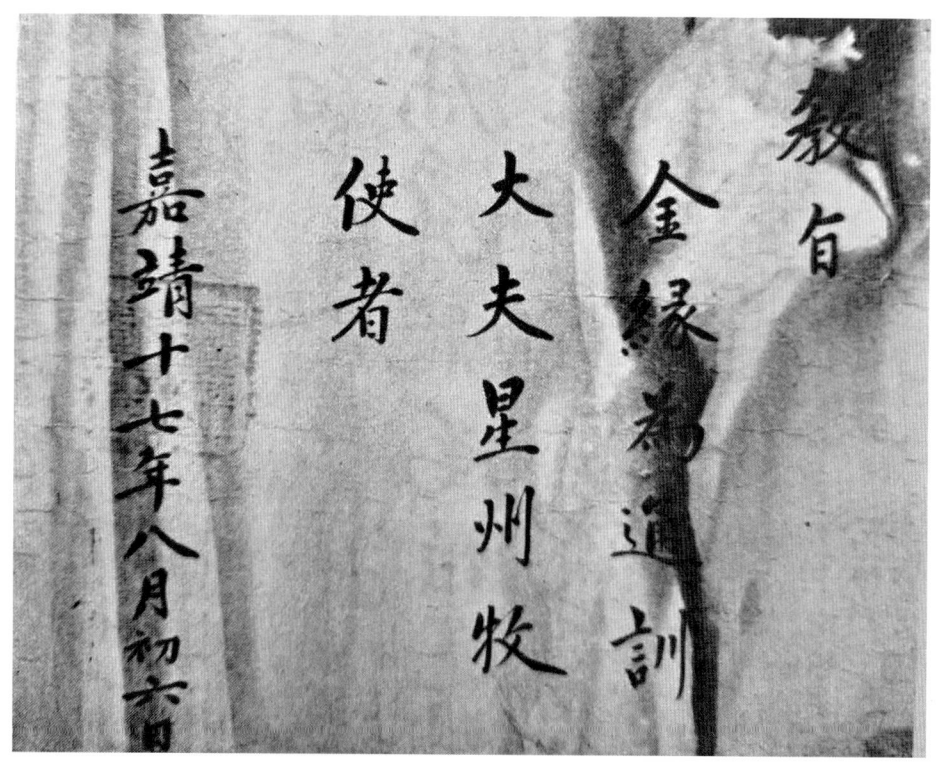

●●● 〈조선시대 관리 임명장인 교지 : 김연에게 중종 33년에 통정대부 성주목사를 임명하는 교지〉(출처 : 최승희,《증보판 한국고문서연구》, 79쪽)

13
장릉(단종릉) 배식단 제사 대상자로 정해진 박중림

　장릉(莊陵: 단종의 능)에 배식단(配食壇: 충절을 바친 신하들을 기리기 위해 설치한 제단)을 세웠다. (중략) 임금께서 말씀하셨다. "(중략) 육신(六臣)은 실로 혁혁하고 뛰어나 사람들의 이목에 젖어 있지만, (중략) 육신에 못지 않은 사람들이 많을 것이니, 이번에 추배할 때 함께 시행하는 것이 실로 절의를 권장하고 충성을 표창하는 조정의 정사에 부합할 것이다. 내각과 홍문관으로 하여금 공사간에 상고할 수 있는 문헌들을 널리 상고하여 하나로 귀결시켜 아뢰도록 하라."(중략)

　홍문관이 아뢰었다.

　"신들이 공사간의 문헌을 가져다가 절의가 가장 현저하고 사실을 증명할 만한 것들을 가려낸 결과, 육신과 금성 대군, 화의군 이외에도 순절하거나 은둔한 사람이 많이 있었습니다. 《장릉지》에 보이는 자만도 거의 1백여 인이 넘지만, 이름만 있고 행적은 없어 대부분 상고하기 어렵고 단지 뚜렷이 드러난 사람에 대해서만 말씀드리겠습니다.

단묘조의 영의정 황보인(皇甫仁), 좌의정 김종서, 우의정 정분(鄭苯)은 모두 세종의 고명 대신(顧命大臣)으로 세조의 변란 때 함께 죽어 그 곧은 충성과 큰 절의가 역사책에 뚜렷이 드러나 있습니다. 문민공(文愍公) 박중림(朴仲林)은 곧 충정공(忠正公) 박팽년(朴彭年)의 아버지로서, 성삼문(成三問) 하위지(河緯地) 등이 모두 스승으로 섬겼던 사람입니다. 집현전 부제학으로 일찍이 세종의 신임을 받았으며 병자년(1406 세조 2년)에 그의 아들과 함께 순절하였습니다. 도총관 성승(成勝)은 곧 충문공(忠文公) 성삼문의 아버지로서 역시 충문공과 함께 죽었습니다. 이상 두 집안의 부자가 이룩한 것이 이처럼 뛰어난데, 중림의 경우는 전하의 무신년(1788 정조 12년)에 특별히 시호를 받는 은전을 입었으나 성승은 아직도 시호를 받지 못했습니다.(중략) 창절사(彰節祠)에 추배(追配)하는 일은 그 예법이 매우 중대합니다. 세 대신(김종서, 황보인, 정분)의 뛰어난 절의나 박중림과 성승 부자가 보여준 특별한 절개는 마땅히 배향할 만하지만, 신주의 순위가 서로 맞지 않으므로 감히 쉽게 논의할 수 없습니다.(중략)"

임금이 전교하였다.

"이제 장릉의 일로 인해 생각해보니, 충정공(忠正公:박팽년)의 부친 박중림(朴仲林)은 시호가 있는데, 성승(成勝)은 충문공(忠文公:성삼문)의 부친으로 중림과 함께 죽었으나 아직도 홀로 빠져 있다. 이 어찌 더욱 큰 결함이 아니겠는가. 본관(本館:홍문관)에 신칙해서 즉시 제사를 지내기 전에 시호를 의논해 올리도록 하라.(중략)"

"이제 취사 선택을 하는 과정에서 마땅히 절의를 지켜 죽어서 그 자취가 나라의 역사와 능지(陵誌)에 올려져 있는 것을 기준으로 삼아야 할 것이다. 이를테면 육종영(六宗英:안평 대군, 금성 대군, 화의군, 한남군, 영풍군, 이양(李穰) 등 여섯 종실), 사의척(四懿戚:송현수, 권자신, 정종, 권완 등 네 외척), 삼상신(三相臣:김종서, 황보인, 정분 등 세 재상), 삼중신(三重臣):민신, 조극관, 김문기), 삼중신(三重臣), 양운검(兩雲劍:성승, 박쟁) 및 육신과 육신의 아비와 자식 중에 특별한 사람과 허후(許詡), 허조(許慥), 박계우(朴季愚) 등 문경공(文敬公:허조), 문헌공(文獻公:박연)의 아들과 손자로서 더욱 뛰어난 사람과 순흥 부사(順興府使) 이보흠(李甫欽), 도진무(都鎭撫) 정효전(鄭孝全)과 같은 사람들이다. 이상의 31인을 함께 배식할 사람으로 정하고 제사지내는 의식에는 축문이 있어야 할 것이다.(중략) 사적이 자세치 않은 조수량(趙遂良) 등 8인과 연좌되어 죽은 김승규(金承珪) 등 1백 90인은 별단에 제사지내야 할 것이다.

아, 죽음을 각오하고 의리를 떨쳐서 장사를 지내는 일에 힘을 다한 사람은 오직 엄 호장(嚴戶長:엄흥도) 한 사람인데, 어찌 순절한 사람의 반열에 끼지 않았다는 것 때문에 혼자만 배향에서 누락시킬 수 있겠는가. 김 문정(金文正:김상헌), 송 문정(宋文正:송시열)051) 이 묘정에 추배(追配)된 사례가 곧 본받을 만한 뚜렷한 근거이다. 증 참판 엄흥도는 31인의 다음 순서에 두도록 하라. 또 고 처사(處士) 김시습과 태학생 남효온은 속세를 떠나 은거하고 몸을 깨끗이 하여 변함이 없었으니, 그 맑은 기풍과 굳은 지조는 백세를 격려할 만한데도 모두 이 사당의 제사에서 빠진 것은 미처 조처하지 못한 결함이다. 두 신하를 똑같이 창절사(彰節祠)에 추가로 제향하라."

또 전교하였다.

"장릉에 배식하는 문제는 지금 수의(收議)한 것으로 인해 또 별도로 한 제단을 만든다는 명을 버렸다. 32인의 제단에 지내는 제사에는 마땅히 축문이 있어야 하겠고, 제물은 처음 하교한 대로 거행하라. 사판(祠版)은 '충신지위(忠臣之位)'라고 쓰되 감사에게 쓰도록 하라. 별단(別壇)의 경우는 사판 3개를 만들어 계유년, 병자년, 정축년에 죽은 사람들을 각각 쓰도록 하라. 제사를 지낼 때는 지방에다 성명을 죽 쓰되, 조사(朝士)를 한 판, 맹인. 버시. 군사. 노비를 한 판, 여인(女人)을 한 판으로 해야 한다. 신위의 위치는 중신들의 왼쪽에 두되 조사의 경우는 약간 앞으로 나오게 하고 맹인. 무당. 버시 군사 노비의 자리는 약간 밑으로 버려야 한다. 제사지내는 의식에 축문을 쓰지 말고, 제물은 각기 밥 한 그릇, 탕 한 그릇, 술 한 잔으로 하며, 헌관과 집사는 두 제단의 일을 겸하여 보게 해야 한다."

-정조 15년(1791) 2월 21일

****

이 기록은 단종 복위 운동 관련자들을 단종과 함께 제사 지내도록 조치하면서, 그 대상자를 어디까지로 할 것인지 논의한 과정 및 그 결과를 적은 것입니다. 오늘날 국가유공자를 정할 때 여러 의견을 청취하며 의논하는 과정을 거치듯, 그렇게 했다는 것을 알려줍니다. 임금 혼자 생각해 결정하지 않은 게 분명합니다. 요즘말로 하면 충분한 토론을 거쳤던 게지요.

본문이 너무 길어서 많이 생략했습니다만, 그 안에서 박중림에 대한 언급이 있습니다.

"문민공(文愍公) 박중림(朴仲林)은 곧 충정공(忠正公) 박팽년(朴彭年)의 아버지로서, 성삼문(成三問) 하위지(河緯地) 등이 모두 스승으로 섬겼던 사람입니다. 집현전 부제학으로 일찍이 세종의 신임을 받았으며 병자년(1406 세조 2년)에 그의 아들과 함께 순절하였습니다."

"박중림과 성승 부자가 보여준 특별한 절개는 마땅히 배향할 만하다."

 박중림은 박팽년의 부친이었다는 것, 성삼문과 하위지의 스승이었다는 것, 집현전 부제학으로서 세종의 신임을 일찍부터 받았다는 것, 병자년 단종 복위 운동에서 부자가 함께 사형을 당했다는 사실을 밝혔습니다. 또 하나, 아버지와 아들이 함께 순절한 경우로서, 박중림과 성승의 부자를 특기하고 있습니다. 흔치 않은 일이라 그런 것이겠지요. 진정한 교육은 가정에서 이루어진다고 하는데, 박중림과 성승 두 집안은 좋은 사례라 하겠습니다. 아버지의 영향이 자식에게까지 온전히 전해진 것이지요.

 언젠가 서대문형무소역사관 영상실에서 들은 독립운동가 두 분의 증언이 떠오릅니다. 공통적인 말 하나가 있었죠. "독립운동하는 집안의 영향으로…" 어릴 적부터 익숙한 그 문화, 분위기, 가풍에 따라 자연스레 걸은 길이라는 말이었습니다. 음악가 집안에서 출중한 가수 나오듯

 독립운동가도 그랬던 것이죠. 그 반대로, 친일파도 가풍 영향일 수 있다는 말 역시 가능하지 않을까 생각했습니다. 그래서 역적 나오면 삼족을 멸했는지도 모르죠. 아비의 죄가 삼사대까지 간다고 구약성경에서 말했는지도 모르고요. 충신 집안에서 충신 나오고, 역적 집안에서 역적 나온다는 말이 진실이라는 것, 박중림 부자가 보여줍니다.

 박중림을 비롯해, 배식단에 배향할 사람은 모두 32인입니다. 원래

는 죽음을 당한 31인만을 대상으로 하려 했으나, 죽지 않았다는 이유로 엄홍도를 배제하는 것은 부당하다는 정조의 강력한 의지로 추가한 것이죠. 그 대신 가장 나중에 들어가 있습니다.

32인 외에도 190인을 별단에서 제사 지내게 합니다. "사적이 자세치 않은 조수량(趙遂良) 등 8인과 연좌되어 죽은 김승규(金承珪) 등"이 그 사람들입니다. 배열에서, 사망 시기별, 신분별, 성별에 따라 엄격히 구분하고 있어, 신분제 사회였던 조선의 분위기를 느끼게 합니다. 죽어서까지도 신분 구분이 지속하게 한 것이지요. 신위의 위치도, 중신들은 왼쪽에, 조사(朝士)는 약간 앞으로 나오게, 맹인, 무당, 내시, 군사, 노비는 약간 밑으로 내리게 했습니다.

●●● 〈영월 장릉과 배식단〉

II

박중림의 말과 글

1

첨사원(詹事院)⁸ 설치를 반대하는 말

좌사간 박중림(朴仲林), 지사간(知司諫), 성득식(成得識), 좌헌납 유지(庾智), 우헌납 윤사윤(尹士昀) 등 전원(全員)이 대궐에 나아가 아뢰었다.

"신 등이 어제 첨사원의 설치가 마땅치 않다는 일로 봉장(封章)을 올렸으나, 전지(傳旨)하시기를, 다만 '이미 알았다'라고만 하셨습니다. 지금 이 첨사원은 비록 옛 문헌에 실려 있는 것이기는 하나, 이 앞서 이 관부를 세우지 않았을 때에도 진실로 폐해가 없었는데, 지금 갑자기 이 관부(官府)를 세운다고 하시니 크고 작은 신민(臣民)들이 다 불가(不可)하다고 합니다. 그러하

---

7   동궁의 섭정에 필요한 기관.

오니, 비옵건대, 그만두게 하십시오."

임금이 말하였다.

"이미 알았다."

중림(仲林) 등이 다시 아뢰었다.

"신 등은 여러 번 성상의 귀를 더럽혔으나 옳다고 하시는 윤허를 입지 못하였사온데, 신 등의 말이 사리에 맞지 않아서 임금의 뜻에 이르지 않아서인지, 아니면 첨사원의 설치가 관계되는 바 있어서 그만둘 수 없기 때문인지 그 이유를 알지 못하겠습니다. 한갓 신 등만이 불가(不可)하다고 하는 것이 아니고 온 나라의 신민(臣民)들이 다 온당하지 않다고 하오니, 우선 백성들의 원하는 바에 좇아서 급히 이 명령을 철회하십시오."

임금이 말하였다.

"앞에서 할 말을 이미 다하였으니 내게는 할 말이 없다."

-세종 24년(1442) 8월 21일

****

위에 나오는 박중림의 말은, 단독으로 한 말은 아닙니다. 사간원의 다른 신하들과 함께 아뢴 말입니다. 하지만 맨 앞에 대사간인 박중림의 이름이 들어간 것으로 미루어 주도적인 발언자라고 보아, 박중림의 말로 처리해도 괜찮을 듯합니다.

문맥으로 미루어, 세종은 동궁의 섭정에 필요한 기관인 첨사원을 신설하려 했으나, 박중림을 비롯해 사간원 관원들은 반대 의견을 개진합니다. 첨사원 없이도 탈 없이 잘해 왔는데, 왜 굳이 설치하려고 하느냐는 반론이었습니다. 이에 대해 세종은 그저 "알았다"는 말만 반복합니다. 그러자, 윤허하지 않는 이유가 무엇인지 분명하게 밝혀달라고 박중림은 요구합니다. 그런데도 세종은 침묵합니다. 이미 할 말을 다했으니 더 할 말이 없다는 것이었습니다.

  이 대화를 통해 알 수 있는 게 무엇일까요? 세종은 신하들이 어떤 말을 하든지 다 듣기는 하되, 굳게 정한 게 있으면, 신하들의 반대로 흔들리지 않고 추진해 가는 임금이었습니다. 나름의 통치철학이 확립되어 있었던 게지요. 이는 신하들보다 지적인 면에서 우위에 있다는 자신감이 없이는 불가능한 일이었습니다.

  또 하나, 그럼에도 불구하고 계속해서 반대 의견을 피력하는 박중림의 뚝심도 주목할 만합니다. 첨사원 설치가 득보다 실이 많다는 확신 아래 그런 것이겠죠, "한갓 신 등만 불가(不可)하다고 하는 것이 아니고, 온 나라의 신민(臣民)들이 다 온당하지 않다고 하오니, 우선 백성들의 원하는 바에 좇아서 급히 이 명령을 철회하십시오"라고 한 것을 보면, 여론 조사도 했던 듯합니다. 아무리 현명한 임금이라 해도 실수할 수가 있다고 보아, 공익을 위해 가능한 발언을 충분히 하기, 공직자의 바른 자세가 아닐까요?

2

사간원을 사임하는 말

사간원 좌사간(左司諫) 박중림(朴仲林), 지사간(知司諫) 성득식(成得識), 우헌납(右獻納) 윤사윤(尹士昀), 우정언(右正言) 이휘(李徽) 등이 아뢰었다.

"신 등은 모두 용렬한 재주로 직책이 사간원(司諫院)에 있게 되매, 항상 조심하고 두려워하는 마음을 품고 있었는데, 요사이 처사(處事)가 잘못되어 추핵(推覈)을 당하게 되었으나, 성상의 은혜를 입어 특별히 용서하여 죄주지 아니하고 본직(本職)에 도로 있게 하니, 성은(聖恩)이 지극하였습니다. 그러나, 부끄러운 얼굴로 직책에 있기가 마음에 편안치 못합니다."

임금이 말하였다.

"혐의하지 말고 직책에 나아가라."

-18. 세종 24년(1442) 10월 25일

****

　박중림을 비롯한 사간원 관원이 사임을 요청한 대목입니다. 문맥을 보아, 일을 잘못 처리하여 관련 부서로부터 책임 추궁을 당하였으나, 세종의 배려로 그대로 직무를 수행할 수가 있었지만, 양심상 그대로 있을 수가 없어 그만두겠다고 했습니다.

　왜 세종이 이들의 잘못을 덮어 준 채 그대로 자리에 있게 했을까요? 그런 정도의 실수는 얼마든지 있을 수 있다고 여겼던 게 아닌가 합니다. 또는 잘해 보려고 했던 게 잘못된 경우라고 보았는지도 모르죠. 그 내막은 알 수 없으나, 세종이 보기에, 그냥 두어도 무방하다고 보아 그런 것이겠죠. 그랬기에, 박중림의 사임 요청을 허락하지 않고, "혐의하지 말고 직책에 나아가라"고 합니다. 계속 신뢰를 보인 것이죠.

　아름다운 장면입니다. 신하는 자신의 잘못을 인정하며, 그만두겠다고 하고, 임금은 그런 정도는 괜찮으니 그대로 자리를 지키라고 힘을 실어 줍니다. 조금만 허점이 보이면 공격을 일삼는 요즘의 우리 정치 풍토에서 더욱 인상 깊게 다가오는 장면입니다.

●●● 〈경복궁 건춘문 건너편의 사간원 터 표지석〉

3

몇 가지 현안에 대한 상소문

사헌부 대사헌(司憲府大司憲) 박중림(朴仲林) 등이 상소하였다.

"신 등이 삼가 한두 가지 관견(管見)을 가지고 우러러 천총(天聰)을 어지럽혔으니, 엎드려 바라건대, 성감(聖鑑)하시면 다행하겠습니다.

첫째, 임금의 근습(近習)[8]은 조심하지 않을 수 없습니다. 맹자(孟子)가 말하기를, '아무리 천하에서 잘 자라는 물건이라도 하루만 볕이 따뜻하고 열흘을 추우면 자랄 수 없다. 나를 보는 것도 드물지만 내가 물러가면 춥게 하는 자가 올 것이다' 하였고, 선유(先儒)가 또 이르기를, '임금이 하루 사이에, 어진 사대부(士

---

8 가까이 모시는 사람.

大夫)를 접견할 때가 많고, 환관(宦官)과 궁첩(宮妾)을 친할 때가 적으면, 자연히 기질(氣質)을 함양(涵養)하고, 덕성(德性)이 훈도(薰陶)될 것이다' 하였으니, 과연 지당한 말씀입니다. 전하께서는 즉위(卽位)한 이래로 날마다 경연(經筵)에 나아가 성학(聖學)을 강론(講論)하고 치도(治道)를 물어서 힘써 다스리기를 도모하는 것이 가히 지극하다고 이르겠습니다. 그러나, 전하께서는 이제 바야흐로 어리시고 덕(德)을 잡음이 굳지 못하여 선악(善惡)의 기틀[機]이 심히 두렵습니다. 하루 동안에 경연에 납시기는 한때뿐이고 한가로울 때가 적지 아니하니, 신 등은 좌우 근습(近習)이 혹 의롭지 않은 일로 인도하여 잘못된 기틀을 만들까 두렵고 염려스럽습니다. 엎드려 바라건대, 전하께서는 날마다 덕을 새롭게 하고 또 새롭게 하며, 더욱 진강(進講)하는 회수[次數]를 더하여 한결같은 생각을 처음에서 끝까지 항상 학문에 두고, 항상 어진 사대부와 더불어 강학(講學)하는 여가에, 겸하여 민생(民生)의 휴척(休戚)[9]과 정치의 득실(得失)을 물어서 간사한 무리가 혹시라도 틈을 타지 못하게 하면 지극한 정치를 가히 기약할 것입니다.

둘째, 이제 삼왕(二帝三王)[10]의 천하를 다스리는 대경(大經)과

---

9 잘된 것과 그른 것.

10 이제(二帝)는 요(堯)와 순(舜). 삼왕(三王)은 하(夏)의 우왕(禹王), 상(商)의 탕왕(湯王), 주(周)의 문왕(文王) 또는 무왕(武王).

대법(大法)이 모두 《서경(書經)》에 실려 있는데 임금과 신하 사이에 도유 우불(都兪吁咈)[11] 삼모(三謀:대우모(大禹謨) 고요모(皐陶謨) 익직(益稷)에 더욱 뚜렷이 나타났습니다. 전하께서는 《대학(大學)》과 《논어(論語)》를 진강(進講)하여, 나라를 다스리는 율령(律令)과 격례(格例)는 비록 이미 통하였을지라도, 이제 삼왕의 행한 일의 자취를 급급히 강구(講究)하여 마음으로 깨달아 알지 않을 수 없습니다. 신 등은 엎드려 바라건대, 경연에서 진강하는 여가에 《상서(尙書)》[12] 한 절(節)을 겸해서 강(講)하여 제왕(帝王)이 존심(存心)[13]하고 정치하는 요지(要旨)를 구할 것입니다.

셋째, 예로부터 제왕이 역사(役事)를 일으키면 반드시 먼저 방위(方位)를 살피고 경관(景觀)을 헤아려서 도성(都城)을 쌓고 궁궐을 세워서 자손에게 물려 주면 자손은 반드시 대대로 지켜서 이어 사는 것이지, 차례를 이은 이로서 갑자기 이를 버리는 것은 듣지 못하였습니다. 경복궁은 우리 태조(太祖)께서 개기(開基)하여 창조한 땅인데 자손 만세(萬世)를 위하여 계획한 것입니다. 태종께서 즉위(卽位)하여 비록 때로는 창덕궁에 납시었으나, 모든 큰 예의(禮儀)는 반드시 여기에서 행하였으니, 그 심모

---

11 임금과 신하가 서로 자유롭게 정사를 논의하던 것을 말함. 도유(都兪)는 임금의 말에 신하들이 찬성하는 것이고, 우불(吁咈)은 반대하는 것임)의 기상(氣像)이 이전(二典:요전(堯典) 순전(舜典).
12 《서경》
13 마음에 두고 잊지 않는 것.

원려(深謀遠慮)가 지극하였습니다. 세종께 이르러서는 왼쪽에 문소전(文昭殿)을 세우고 오른쪽에 간의대(簡儀臺)를 세워서 유구(悠久)한 계획을 하여, 비록 일로 인하여 잠시 옮겼을지라도 즉시 환궁(還宮)하였고 조금도 동요되지 아니하였습니다.

문종께서 왕위를 이어 졸곡(卒哭)[14]을 마치자 예전처럼 들어가 사셨으니, 이것이 어찌 구궁(舊宮)을 자손이 대대로 지켜서 하루라도 떠날 수 없다는 것이 아니겠습니까? 이제 술사(術士)의 말로 인하여 거가(車駕)[15]를 여러 번 옮겨서 혹은 동쪽으로, 혹은 서쪽으로, 정한 바가 있지 아니하여 인심(人心)이 흉흉한 뿐만 아니라 조종(祖宗)[16]의 하늘에 계시는 영혼이 편하지 못하실까 두렵습니다. 그러나, 그들의 말은 불당(佛堂)[17]으로써 말하는 데 불과할 뿐입니다.

불당은 비록 세종께서 명하신 바이나, 이로 말미암아 구궁을 폐하는 것은 또한 세종의 뜻이 아닙니다. 만약 세종께서 오늘의 변(變)에 처하셨으면 불당을 헐라는 명이 어찌 오늘을 기다렸겠습니까? 말하는 이는, 이제 장차 창덕궁 수리가 끝나면 거가(車駕)가 마땅히 옮길 것이므로 불당을 헐 필요가 없다고 하

---

14 삼우(三虞)가 지난 뒤에 지내는 첫 제사.
15 **임금의 행차.**
16 선대의 임금.
17 세종 때 경복궁 안에 설치한 불교 사찰인 내불당을 말함.

나, 이는 크게 그렇지 않습니다. 창덕궁이 비록 이미 수리가 되었을지라도, 이 궁(경복궁)을 드디어 폐하여 버리고 다스리지 아니하는 것은 불가합니다.

하물며 이 궁은 이미 정위(正位)에 있고, 정전(正殿)을 설치하였으니, 이것이 바로 근본이 되는 땅입니다. 전하께서 비록 다른 곳에 계실지라도 어찌 서로 크게 멀겠습니까? 술사(術士)의 말을 비록 족히 믿을 수는 없으나, 국가의 만세를 꾀하는 자가 어찌 감히 괄연(恝然)하게[18] 쓸데없는 불당으로 인해 허탄한 말을 이루어 조종의 구궁을 폐하겠습니까?

엎드려 바라건대, 전하께서는 급히 불당을 철거하기를 명하여 신민(臣民)의 바라는 바에 부응하고 그 저장한 물건은 개경사(開慶寺) 등에 옮겨 두면 거의 시의(時宜)에 적합할 것입니다.

넷째, 전하께서 바야흐로 양암(諒闇)[19]에 계셔서 친히 기무(機務)를 아니하시므로, 모든 관직 제수(除授)에 관한 것은 모두 의정부 대신에게 물어서 정조 당상(正曹堂上)의 예에 의하여 분경(奔競)[20]의 금법(禁法)을 세웠으니, 법이 자세하지 않은 것은 아닙니다. 다만 상피(相避)하는 법이 없기 때문에 의정부 대신의

---

18 무심히.
19 임금이 부모의 상중(喪中)에 있는 것. 또는 그 기간을 말함.
20 관리들이 분주하게 권문세가(權門勢家)를 찾아다니면서 벌이던 엽관 운동(獵官運動) 즉 취업 구직 활동. 나라에서 이를 엄금하였음.

아들, 사위, 동생, 조카들은 비록 예(例)에 따라 승천(陞遷)하는 자라도 여러 사람이 모두 의심합니다. 신 등은 엎드려 바라건대, 의정부 대신에게도 상피하는 법을 세워서 여러 사람의 의심을 막으소서."

임금이 전교하시었다.

"승정원에서 의논하여 아뢰어라"

-단종 1년(1453) 9월 13일

****

박중림이 남긴 글은 거의 없습니다. 편지나 시문이 있었을 테지만, 역적으로 몰려 부자가 처형당하고, 가족이 뿔뿔이 흩어지면서 사라지고 말았기 때문이죠. 《조선왕조실록》에 상소문으로 전하는 글이 유일한 글이라 할 수 있습니다. 당시 사헌부의 수장인 대사헌이었으니, 이 글은 박중림의 상소라 해도 무방하리라도 보아 여기서 다룹니다.

단종 1년에 올린 상소문인데 모두 4가지를 청했습니다.

첫째, 각시들을 조심하라고 했습니다. 내시를 비롯해 가까이에서 모셔 친한 사람들보다 어진 사대부를 만나는 시간이 더 많아야 덕성이 길러진다고 했습니다. 나이 어린 임금이 자칫 공부를 게을리하며, 가까이에서 모시는 사람들의 말에 귀를 기울여 정치를 그르칠까 염려하여 그런 것이라는 것을 위 글에서 읽을 수 있습니다.

둘째, 제왕학이라 할 수 있는《상서》즉《서경》공부도 해야 한다고 강조하였습니다. 《대학(大學)》과《논어(論語)》는 이미 익혔으니, 옛 왕들의 사례를 담고 있는《상서》도 연구하라는 요구입니다. 임금 필독서라고 여긴 것이지요. 시기에 따라 독서의 내용도 달라져야 한다는 말이기도 합니다. 요즘에도 적용할 만합니다. 대통령이 되려면 반드시 읽어야 할 책의 목록을 마련해 읽거나 공부하도록 제도화하는 것이죠. 대선 후보 단계에서부터 검증하면 준비된 대통령을 선출하게 되지 않을까요?

셋째, 왕이 정궁인 경복궁을 비워 둔 채 다른 데 옮겨다니며 국사를 살피고 있는 문제를 거론한 것입니다. 술사(術士)들의 말에 휘둘리지 말 것, 경복궁 안의 불당을 핑계삼지 말라고 합니다. 박중림은 과감하게 주청합니다. 차라리 불당을 헐어 버리고 경복궁으로 들어가라고 했습니다. 단종의 부친인 문종에 이르기까지 그게 역대 임금의 뜻이라며 설득합니다.

넷째, 상피(相避)하는 법을 제정하라고 요청하였습니다. 벼슬을 임명할 때 상피 즉 친인척의 인사 문제에는 관여하지 않는 제도를 만들어 그대로 해야 신뢰를 얻는다고 주장했습니다. 이때까지만 해도 상피제도가 수립되지 않아 공정성 시비가 있었던 모양입니다.

이 4가지 항목을 보면, 현안에 대하여 문제점과 해결책을 상소문에 담아 임금에게 바친 것들입니다. 대사헌으로서의 직무에 충실한 것이지요. 더욱이 나이 어린 왕이니 더욱 보좌할 필요가 있다고 보아

적극적으로 대안을 제시했다 하겠습니다. 임금의 자리는 사사로운 자리가 아니라 공적인 자리라는 사실을 일깨우면서, 하나 하나 의견을 피력하고 있습니다.

아마도 박중림은, 단종이 어리지만 잘 보필만 하면 얼마든지 성군이 되리라 믿었던 게 아닌가 합니다. 그 반대로 수양대군 즉 세조는 단종의 역량을 불신한 게 아닌가 싶습니다. 그렇게 하기보다는 이미 준비된 자신이 나서서 정치를 하는 게 효율적이라 생각했기에, 정권을 잡은 것이겠지요.

4

죽음 앞에서 남긴 말

사형을 당하게 되자, 충정공(忠正公)[21] 형제가 울면서 공에게 말하였다. "충성하고자 하면 효도와는 어긋납니다." 그러자 공이 웃으며 말하였다. "임금을 충성으로 섬기지 않으면 불효다."

성삼문, 하위지 공은 모두 이름 있는 현인들이다. 박 공을 존경하되 스승 섬기는 도리로 하여, 자신의 몸 낮추기를 부끄럽게 여기지 않았으니, 사람들한테 존중받는 게 깊지 않은가! 사형을 당하면서도 침착하였으며, 마지막 발언이 이치에 적중하였으니, 그 마음속에 들어 있는 것이 바르고 크다 하지 않겠는가! 훌륭하도다! 위대한 절의를 세운 것이 마땅하도다.

-순암집(醇庵集)〔오재순(1727~1792)의 문집〕,

---

21 박팽년.

〈이조판서증좌찬성(吏曹判書贈左贊成)[22] 박 공에게 시호를 버리도록 건의하며 올린 글[諡狀]〉[23]

****

죽음을 맞이하는 자세를 보면 그 사람의 성숙도를 알 수 있지 않을까요? 고승과 유학자 가운데 초연하게 죽음을 맞이한 분들이 있습니다. 고려시대 고승 보우의 최후는 이렇습니다.

세상을 떠나던 해 12월 17일에 약간 병색이 있었다고 했다. 12월 23일에는 제자들을 불러모으고, "내일 유시(오후 5시에서 7시 사이)에 내가 마땅히 떠나가겠다"고 했다. 그 다음날 새벽에 목욕을 하고, 옷을 갈아입더니, 때가 되자 단정히 앉아 다음과 같은 임종게[24]를 읊는 소리가 끝나자 숨을 거두었다고 했다.

대표적인 유학자 퇴계 이황의 임종 모습도 유명합니다. 다시 일어나지 못할 병이 들어 세상을 떠나기까지 있었던 일을 기록한 〈고종기(考終記)〉에 나와 있습니다.

---

22 실록에서는 확인되지 않은 벼슬임.
23 시장(諡狀) : 임금에게 시호(諡號)를 내리도록 건의할 때 생존했을 때의 행적을 적은 글.
24 사람의 생명은 물거품처럼 공허하고, 팔십여 년이 춘몽 속에서 지나갔구나. 마지막에 이르러 이제 가죽 자루 벗어던지니, 한 덩어리 붉은 태양이 서산에 지네.

11월 9일 종가 제사에 참가했다가 감기가 들어 일어나지 못하게 되었다.

12월 2일 병세가 악화되었다.

3일 설사로 피로워했다. 매화분을 다른 데로 옮기라 하면서, 자기 몸이 불결해서 매화에게 미안하다고 했다.

4일 죽은 뒤에 예절을 번다히 갖추지 말라고 했다. 천식이 심해졌다. 오후에는 제자들을 만나려 했다. 가족이 그만두라고 청하자 "삶과 죽음이 갈리는 이때에 만나 보지 않을 수 없다"고 했다. 웃옷을 걸치고 제자들을 만나 말하기를, "평소에 그릇된 견해를 들어 제군들과 종일 강론한 것이 또한 쉬운 일이 아니었다"라고 했다.

8일 매화분에 물을 주라고 했다. 유시(酉時 : 오후 5~7시) 초가 되자 흰구름이 집 위에 모이더니 눈이 내려 한 치나 쌓였다. 바로 그 순간에 선생은 자리를 정돈하라 하고, 부축받아 일어나 앉아서 숨을 거두었다. 그러자 구름이 걷히고, 눈이 개었다.

이 세 분의 죽음에서 공통적인 게 있습니다. 죽음 앞에서 초연하였습니다. 미련이 남아 눈을 못 감는다든가 하지 않았습니다. 마치 여름이 가면 가을이 오듯, 죽음을 그렇게 아주 자연스러운 일로 여겼습니다.

박중림의 최후는 어땠을까요? 우선 위에 든 두 분과는 다른 죽음이었습니다. 천수를 누린 죽음이 아니었기 때문이죠. 보우는 82세, 이황은 70세 나이로 늙어서 자연사했습니다. 하지만 박중림의 경우는 단종복위운동이 실패로 끝나면서 도중에 처형을 당했기에 자연사가 아닙니다. 그러므로 죽음 앞에서 초연하기가 어려운 상황이었습니다.

그랬기에 처형에 임박해, 아들 형제가 울면서 권유한 것이죠. "충성하고자 하면 효도와는 어긋납니다"라고요. 단종에 대한 충성을 위해 죽으면 부모에 대해서는 불효이니, 용서를 빌어 살아 남으라고 권한 것이죠. 하지만 박중림이 웃으며 말하였다죠. "임금을 충성으로 섬기지 않으면 불효다"라고요. 충과 효가 둘이 아니고 하나라는 인식이죠. 단종을 위해 충성을 바치다 죽는 것이야말로 부모에 대한 효도라고 확신한 것이죠. 바르게 살아야 의미가 있으며, 그런 사는 것이, 부모의 이름을 값지게 효도하는 삶이라며 태연하게 죽음을 맞았습니다.

박중림의 죽음은 기독교 초기역사에서 로마 정부의 핍박 아래 처형당한 순교자들의 자세를 연상하게 합니다. 사자 앞에서 또는 화형의 불길 속에서도 찬송을 불렀다는 전설같은 일화들이 그것이죠. 그 모습에 감동을 받아 기독교도로 개종한 군인들도 있다고 하지요. 보통 사람으로서는 그같은 평정심을 발휘하기가 어렵기 때문에, 무엇인가 초월적인 힘이 작용하고 있다고 느껴 그런 것이겠죠. 박중림은 신앙인은 아니었지만, 결과적으로 상통하는 모습을 보이고 있습니다. 기독교인들이 하느님의 평가를 믿고 그렇게 죽음을 맞이한 것처럼, 박중림은 역사의 심판을 믿었기에 그렇게 태연할 수 있었겠죠.

III

부록

《순암집(醇庵集)》〔오재순(1727~1792)의 문집〕

이조판서증좌찬성(吏曹判書贈左贊成)²⁵ 박 공에게 시호를 내리도록 건의하며 올린 글[諡狀]²⁶

공의 이름은 중림(仲林)이며, 호(號)는 한석당(閑碩堂)이다. 박씨의 본관은 평양(平陽)이니 지금의 순천부(順天府)이다. 고려 개국공신 삼중대광 (高麗開國功臣三重大匡) 영규(英規) 잉세공(仍世公) 보(輔)로부터 숙정(淑貞)에 이르러, 보문각 대제학(官寶文閣大提學) 관직을 받았다. 이제현(李齊賢), 안축(軸遊)과 함께 어울려 명성이 당대에 비중이 높았다. 숙정이란 이분이 바로 박중림 공의 증조부이다. 조부의 이름

---

25 실록에서는 확인되지 않은 벼슬임.
26 시장(諡狀) : 임금에게 시호(諡號)를 내리도록 건의할 때 생존했을 때의 행적을 적은 글. 이 글의 번역 과정에서 선문대 김규선 교수의 도움을 받았기에 이 자리를 빌어 감사함.

은 원상(元象)으로서 공조전서(工曹典書) 벼슬을 하였다. 부친의 이름은 안생(安生)으로서 조선조에서 목사(牧使) 벼슬을 하였고 사후에 증 이조판서(贈吏曹判書)로 추증되었다. 그 부인은 안동 김씨로서 한성부윤(漢城府尹) 김휴(金休)의 딸이다.

공은 어려서부터 너그럽고 어질었으며 매우 무게가 있었다. 그 뜻과 기운이 평범하지 않았다. 성장하여 경서에 정통하게 되자, 학문의 조예가 높고도 밝았다, 성품이 매우 효성스러워, 모친의 병환에 손가락을 깨물어 피를 내 하늘에 기도드렸다. 상을 당하자 3년간 시묘살이를 하였다.

영락(永樂) 연간인 태종 17년(1417:정유년)에 생원시(生員試)에 합격해 1423년(계묘년)에 문과 제 2등으로 합격해 인수부승(仁壽府丞)에 임명되었다. 선덕(宣德) 연간인 세종 9년(1427:정미년)에 집현전(集賢殿) 수찬(修撰)을 거쳐 중시(重試)[27]에 합격하였다, 시강원(侍講院) 보덕(輔德), 사간원(司諫院) 사간(司諫)을 지냈고, 세종 29년(1447: 정묘년)에 승정원(承政院) 좌승지(左承旨)로 발탁되었다. 경태(景泰) 연간인 문종 1년(1451: 신미년)에 외직인 경기도 관찰사로 나갔다가, 단종 1년(1453: 계유년)에 병조침판과 호조참판 및 수문전(修文殿) 대제학(大提學)을 역임하였다.

하루는 임금이 대신 황보인(皇甫仁), 김종서(金宗瑞), 정분(鄭苯) 등

---

27 중시(重試) : 조선 시대 당하관 이하의 문무관에게 10년마다 한 번씩 보이는 정기시험

을 불러 물었다. "누가 대사헌으로 적당한가?" 김종서 등이 아뢰었다. "박 아무개(박중림)가 생각이 깊고, 어지러운 것을 좋아하지 않는 사람이라 적당한 줄 아룁니다." 임금도 그렇게 여겨, 마침내 박 공을 대사헌으로 삼았는데, 그 직무를 훌륭하게 수행했다는 칭찬을 받았다.

단종 2년(1454: 갑술)에 예문관(藝文館) 대제학(大提學)을 거쳐 공조판서 겸 집현적 제학(提學)을 역임했으며, 이조판서에 제수되었다. 세조 2년(1456:병자년) 아들 박팽년과 성삼문 등 여러 사람과 함께 상왕(단종)을 복위하려는 일을 도모하다 발각되어, 아들 다섯과 손자 셋과 함께 죽음을 당했으니 6월 7일[28]이었다.

부인은 안동 김씨 총제(揚制) 익생(益生)의 딸, 두 번째 부인은 신평(新平) 이씨 사재감(司宰監令) 덕배(德培)의 딸로서, 모두 5남 1녀를 두었다. 장남은 박팽년이니 형조판서 중이조판서, 시호는 충정공(忠正公)이다. 차남은 인년(引年)이니 교리(校理), 삼남은 기년(耆年)이니 수찬(修撰)인 선호당(選湖堂)이다. 사남은 대년(大年)이니 박사(博士), 오남은 영년(永年)이니 검열(檢閱)이다. 딸은 승지(承旨) 채치의(蔡治義)와 결혼했다. 손자만 8인을 두었으니, 생원(生員) 헌(憲), 사과(進士科) 장원(壯元)한 순(珣), 분(奮) 등은 모두 같은 때 죽음을 당하였다. 그 밖에 진사 진(璡), 색(檣), 찬(欑), 침(梫), 신(薪) 등이 있었다. 손녀 둘이 있었는데, 영풍군(永豐君) 전(瑔), 현령(縣令) 이공린(李公麟)과 결혼

---

28 《조선왕조실록》에는 6월 8일임.

하였다.

아! 우리 세종대왕께서 정치에 정성을 쏟고, 유학을 높이고 인문을 중시하여, 집현(集賢學士) 제도를 시작하였으니, 당대의 수재를 엄선하여, 논사(論思)²⁹와 고문(顧問)의 직책을 주었다. 공이 문장과 덕행으로 그 선발에서 으뜸으로 부응하였으니, 성삼문(成三問), 하위지(河緯地) 등 여러 학사(學士)가 모두 스승으로 섬겼다.

사형을 당하게 되자, 충정공(忠正公) 형제가 울면서 공에게 말하였다. "충성하고자 하면 효도와는 어긋납니다." 그러자 공이 웃으며 말하였다. "임금을 충성으로 섬기지 않으면 불효다."

성삼문, 하위지 공은 모두 이름 있는 현인들로서, 박 공을 존경하되 스승 섬기는 도리로 하였여, 자신의 몸 낮추기를 부끄럽게 여기지 않았으니, 사람들한테 존중받는 게 깊지 않은가! 사형을 당하면서도 침착하였으며, 마지막 발언이 이치에 적중하였으니, 그 마음속에 들어 있는 것이 바르고 크다 하지 않겠는가! 훌륭하도다! 위대한 절의를 세운 것이 마땅하도다.

영종대왕(英宗大王 : 영조 15년(1739)에 비로소 공의 관작(官爵)을 회복시키라 명하였으며, 지금 임금³⁰ 8년(1784)에 특별히 증의정부좌찬성(贈議政府左贊成)으로 추존하고, 이어서 시호를 내렸다. 이보다 앞서 숙종대왕 때, 충정공(忠正公) 박팽년 선생은 이미 표장(表獎)하는

---

29 글로 임금에게 아룀.
30 정조.

은전(恩典)을 입었으니, 아! 우리 왕조가 세상을 돈독하게 하고 인재를 교육하는 의로운 기풍이 여기에 이르렀도다.

공의 가문 세 세대가 보여준 충성과 절개가 백년 뒤에도 이렇게 해와 별처럼 빛나고 있으니, 어찌 그 의가 더욱 가열차지 않은가? 그러므로 오래될지라도 더욱 빛나리라.

공의 후손 전현감 기정(基正)이 재주가 없어 이름을 바꾸고 싶다는 편지를 보내왔기에, 삼가 이와 같이 써서 태상시[31]에 고합니다.

吏曹判書贈左贊成朴公諡狀

公諱仲林. 號閑碩堂. 朴氏系籍平陽. 今之順天府也. 自高麗開國功臣三重大匡諱英規仍世公輔. 至諱淑貞. 官寶文閣大提學. 與李齊賢, 安軸遊. 名重當世. 於公爲曾祖也. 祖諱元象. 官工曹典書. 考諱安生. 仕本朝. 官牧使贈吏曹判書. 妣安東金氏. 漢城府尹休女也. 公自幼寬仁凝重. 志氣不羣. 及長精通經籍. 造詣高明. 性甚孝. 母病血指禱天. 遭喪廬墓終三年. 永樂丁酉擧生員. 癸卯擢文科第二人. 拜仁壽府丞. 宣德丁未由集賢殿修撰. 登重試. 歷侍講院輔德, 司諫院司諫. 丁卯擢拜承政院左承旨. 景泰辛未出爲京畿道觀察使. 癸酉歷兵, 戶二曹參判. 修文殿大提學. 一日上召大臣皇甫仁, 金宗瑞, 鄭苯等. 問誰可爲都憲者. 宗瑞等對曰. 朴某思慮深長. 不喜紛擾. 可用也. 上然之. 遂以公爲大司憲. 以

---

31 봉상시 : 국가의 제사와 시호를 의논하여 정하는 일을 관장했던 기관.

稱職聞. 甲戌由藝文館大提學. 陞工曹判書兼集賢殿提學. 尋拜吏曹判書. 丙子與子彭年等及成三問諸人. 謀復上王事覺. 五子三孫. 幷論死. 六月七日也. 配安東金氏揚制益生女. 繼配新平李氏司宰監令德培女. 凡擧五男一女. 男長彭年. 刑曹參判贈吏曹判書謚忠正. 次引年校理. 次耆年修撰. 選湖堂. 次大年博士. 次永年檢閱. 女適承旨蔡治義. 孫男八人. 曰憲生員. 曰珦進士壯元. 曰奮. 皆一時幷命者. 曰璉進士. 曰檣. 曰欑. 曰椹. 曰薪. 孫女二人. 適永豐君瑔, 縣令李公麟. 於戲. 惟我世宗大王勵精圖治. 崇儒右文. 始置集賢學士. 極選一世俊髦. 以畀論思顧問之責. 公以文章德行首膺其選. 而成三問, 河緯地諸學士. 皆師事公焉. 及臨刑. 忠正公昆季泣告公曰. 欲忠而有違於孝. 公顧笑曰. 事君不忠. 非孝也. 成公, 河公名賢也. 而尊公以師道. 不恥屈己. 其見服於人者. 不旣深乎. 就死從容. 發言中理. 其所存於中者. 不亦正且大乎. 賢哉其能辦大節. 宜矣. 英宗大王十五年始命復公官爵. 今上八年. 特贈議政府左贊成. 仍命賜謚. 先是肅宗大王時. 忠正公亦旣蒙表獎之典. 噫. 聖朝敦世敎樹風聲之義. 於是乎其至矣. 而公一門三世精忠毅節. 自此昭如日星於百世之下. 豈其義彌烈. 故雖久而愈彰也歟. 公後孫前縣監基正. 屬不佞以易名之狀. 謹撰次如右. 告于太常.

2

《연려실기술》〔이긍익(1736~1806)의 역사서〕

2-1. 국역 연려실기술 제4권

단종조 고사본말(端宗朝故事本末)(한국고전번역원 사이트에서 전재)
육신(六臣)의 상왕 복위 모의〔上王復位謀議〕

　3년 을해년(1455) 봄 2월에 정부·육조(六曹)·정원(政院)이 빈청(賓廳)에 모여서 화의군(和義君) 영(瓔) 세종의 아들 이 최승손(崔承孫)·김옥겸(金玉謙)과 더불어 금성대군(錦城大君) 유(瑜)의 집에서 잔치를 베풀고, 활을 쏜 것과 또 평원대군(平原大君) 임(琳)의 첩 초요섬(楚腰纖)과 간통한 죄를 아뢰어, 청하여 영(瓔)을 외지에 귀양보내고 유(瑜)의 고신을 회수하였다. 또 내시 엄자치(嚴自治)의 죄를 아뢰어, 금부에 가두었다가 제주도에 안치시켰는데, 길에서 죽었다. 그때에 혜빈(惠嬪) 양씨〔楊氏 : 세종의 후궁인데, 한남군(漢南君)·영풍군(永豐君)의 어머니〕가 임금의 신변을 보호한다 하여 궁중에 출입하여, 중하게 견책을 받았다.

영(瓔)이 귀양가니, 참판 박중손(朴仲孫)이 아뢰기를, "신의 사위 영이 죄를 지은 것은 실상 신이 미리 막지 못했기 때문이니, 황공하옵니다" 하였다. 전교하기를, "알았다." 하였다. 《해동야언(海東野言)》

○ 윤 6월 11일에 임금이 세조에게 전위하매, 임금을 높여 상왕(上王)이라 하며 창덕궁에 옮겨 거처하게 하였다. 《고사촬요(攷事撮要)》

상왕이 손위(遜位)한 것은 모신(謀臣) 권람(權擥)이 의논을 시작하여, 대신 정인지의 논의에 의하여 이루어졌다. 김자인(金自仁)이 그때 나이 열두 살인데, 그 의논을 보고 가슴에 불꽃이 치솟는 것 같았다고 말하였다. 《추강냉화(秋江冷話)》

○ 그때, 단종이 환관 전균(田鈞)을 시켜 우의정 한확(韓確) 등에게 전교하기를, "내가 어려서 안팎의 일을 알지 못하여, 간악한 무리가 나도 모르는 사이에 생겨 만란의 씩이 끊임없이 일이나니, 이제 장차 대임(大任)을 영의정에게 전하려 하노라" 하였다. 한확이 깜짝 놀라 아뢰기를, "지금 영상이 나라 안팎의 모든 일을 모두 총관(摠管)하는데, 다시 무슨 대임을 전한다는 말입니까?" 하였다. 균이 그 말대로 아뢰니, 임금이 이르기를, "내가 전날부

터 이미 이 뜻이 있어서 이미 계책이 정해졌으니, 바꿀 수 없다. 빨리 모든 일을 준비하라" 하였다. 한확 등이 동시에 아뢰면서 결정을 바꾸기를 강력하게 청하고, 세조가 또한 울며 굳게 사양하였다. 균이 들어가 아뢰니, 조금 있다가 다시 전지를 내리기를 "상서시(尙瑞寺) 관원에게 옥새를 가지고 들어오게 하라" 하매, 여러 대신이 서로 돌아보고 실색하였다. 또 동부승지 성삼문에게 상서원에 가서 빨리 옥새를 내어오도록 명하고 균을 시켜 경회루 아래로 받들고 나오라 하고, 임금이 경회루 아래에 나와서 세조를 불렀다. 세조가 들어가니, 승지와 사간이 따랐다. 임금이 일어서니, 세조가 꿇어 엎드려서 울며 굳이 사양하였다. 임금이 손에 옥새를 들고 세조에게 주었다. 세조가 사양하다 재가를 받지 못하고 그대로 엎드려 있으니, 임금이 부축하여 나가라고 하고, 군사가 호위하였으며, 정부는 집현전 부제학 김례몽(金禮蒙) 등으로 하여금 선위·즉위하는 교서를 봉하게 하고, 유사는 의위(儀衛)를 갖추어 경복궁 근정전에 헌가(軒架)를 설치하고, 세조가 익선관과 곤룡포를 갖추고 백관을 거느리고 대궐 뜰에 나가서 선위를 받았다. 세조가 사정전(思政殿)에 들어가 임금을 뵈옵고 드디어 근정전에서 즉위하였다. 《실록(實錄)》

○ 세조가 선위를 받을 때에, 자기는 덕이 없다고 사양하니, 좌우에 따르는 신하들은 모두 실색하여 감히 한 마디도 내지 못하였다. 성삼문이 그때에 예방 승지(禮房承旨)로서 옥새를 안고 목놓

아 통곡하니, 세조가 바야흐로 부복하여 겸양하는 태도를 취하다가 머리를 들어 빤히 쳐다보았다. 이날 박팽년(朴彭年)이 경회루 못에 임하여 빠져 죽으려 하매, 성삼문이 기어이 말리며 말하기를, "지금 왕위는 비록 옮겨졌으나, 임금께서 아직 상왕으로 계시니, 우리들이 살아 있으니 아직은 일을 도모할 수 있다. 다시 도모하다가 이루지 못하면 그때 죽어도 늦지 않다" 하매, 박팽년이 그 말을 따랐다. 《추강집(秋江集)》

○ 그때, 성승(成勝) [성삼문의 아버지] 이 도총관(都摠管)으로 궁내에 들어가 번들다가 선위한다는 말을 듣고 정원에 종을 보내어 자주 물었으나, 성삼문이 대답하지 아니하고 한참 있다가, 성삼문이 뒷간에 가며 하늘을 쳐다보니, 눈물이 샘처럼 쏟아졌다. 성승은 곧 병이 났다고 하고 방에 드러누워서 일어나지 않으니, 집 사람들도 얼굴을 볼 수 없었다. 오직 성삼문이 오면 좌우를 물리치고 같이 얘기하였다. 《추강집(秋江集)》

○ 상왕(上王 단종)이 수강궁(壽康宮)으로 나올 때에는 어둔 밤에 불 밝히지 않고, 종루(鐘樓)로 내려올 때에는 좌우 행랑(行廊)에서 모두 통곡하니 막을 수가 없었다. 《추강집(秋江集)》 ○ 수강궁은 지금의 창경궁(昌慶宮)이다.

○ 세조가 경복궁에 임어하고 상왕 3년(1455)을 원년(元年)으로 삼았다. 《고사촬요》

교서에 이르기를, "우리 태조께서 하늘의 밝은 명을 받아, 동방을 차지하셨고, 여러 성왕이 서로 잇달아 밝음을 거듭하고 화함을 거듭했다. 주상 전하께서 왕위를 계승한 이래로 불행히도 국가에 어려움이 많은데, 과인이 선왕의 모제(母弟)이며 또 조그만 공로가 있고, 장성한 임금이 아니면 어렵고 위태로운 시국을 진정시킬 수 없다 하여, 드디어 대위를 맡기시니, 내가 굳이 사양하나 들어주지 않고, 종친과 대신들이 모두 종사의 대계(大計)이니 의리상 사양해서는 안 된다 하므로, 부득이 뭇 사람이 바라던 대로 따르노라" 하였다. 《실록》

○ 정원에 전교하기를, "매달 1일, 12일, 22일에 친히 상왕께 문안하겠고, 만일 연고가 있으면 그 다음날 가겠다" 하였다.

○ 박팽년으로 충청 감사를 삼았다.

박팽년이 성삼문·삼문의 아버지 승·이개(李塏)·하위지(河緯地)·유성원(柳誠源)·김질(金礩)·무인 유응부(俞應孚)·상왕의 외숙 권자신(權自愼) 등과 더불어 상왕의 복위를 모의하였는데, 얼마 뒤에 박팽년이 충청 감사로 나갔다.

○ 이 달에 예조 판서 김하(金何)와 형조 참판 우효강(禹孝剛)을 명나라에 보내어 왕위에서 물러나기를 청하는데, 그 주문(奏文)에 대략, "신이 어렸을 때부터 병이 있어 기운이 항상 순하지 못하였고, 신의 아비 선신(先臣) 공순왕(恭順王)이 경태(景泰) 3년(1452)에 돌아가시매, 신의 나이 열두 살에 왕위를 이어받았으나, 해야할 일을 알지 못하여 여러 서무(庶務)를 신하에게 위임

하였더니, 경태 4년에 이르러 간신들이 반역을 꾀하여 화기(禍機)가 임박하였다. 그래서 숙부인 배신(陪臣) 수양대군 유(瑈)가 달려와 신에게 고하고 곧 평정하였으나, 아직도 흉한 무리가 아직 다 없어지지 않고 변고가 거듭되어 인심이 안정되지 못하였습니다. 생각건대, 신은 미약하여 이를 진정시키시기 어렵고 나라의 안위에 심히 중요한 관련이 있습니다. 선신(先臣)의 동모제 유가 학식은 고금을 통하고 공이 있고 덕이 있어 여러 사람들의 신망을 두텁게 받기에 경태 6년 6월 11일에 권도로 군국(軍國)의 일을 승습(承襲)하게 하였사오니, 통찰하시어 특별히 밝은 윤허를 내리소서" 하였다.

○ 이듬해 4월에 조칙(詔勅)이 나왔는데, 그 조칙에, "정성껏 중국을 섬기는 신하의 도리를 지켜 사대(事大)의 정성을 더욱 굳건히 하고, 길이 번신의 도리를 굳건히 하고, 사왕(嗣王)의 선양(禪讓)을 욕되게 하지 말 것이며, 홍위(弘暐)로 하여금 상왕(上王)의 휘(諱) 그대로 작위를 갖고 편안히 있게 하고, 모름지기 항상 우대하여 소홀함이 없을지어다" 하였다.

○ 가을 7월 갑신일에 상왕을 추존하여 공의온문(恭懿溫文) 상왕이라 하고, 왕후 송씨를 의덕(懿德) 왕대비라 하고, 세조가 면복(冕服)으로 법가(法駕)를 갖추어 종친과 문무 백관을 거느리고 창덕궁에 가서 뵈니, 상왕과 송씨 모두 받지 않았다. 《실록》

○ 9월에 계양군(桂陽君) 증(璔) 등 41인을 좌익공신(佐翼功臣)에

녹훈하였다.

○ 세조 2년 병자년(1456) 정월 [《국승(國乘)》에는 정축 정월 갑오라 하였다]에 양녕대군(讓寧大君) 제(禔)는 여러 종친을 거느리고, 영의정 정인지는 육조의 참판 이상을 거느리고 아뢰기를, "신들이 전에, 상왕을 내쫓으라고 간한 일은 근일에 조정이 다 사함으로 말미암아 다시 번거롭게 아뢸 겨를이 없습니다. 날로 전하가 지체 마시고 속히 결단하소서" 하였다. 세조가 이르기를, "경들의 말은 옳으나, 자고로 제왕의 일어남이 반드시 천명이 있는 것인데, 나의 일도 또한 천명이라 간인이 있더라도 어찌 상왕을 의지하여 음모를 꾸밀 수 있겠는가. 진(秦) 나라를 망친 것은 호(胡)이다. 천명을 어찌 도모할 수 있으랴" 하였다. 정인지 등이 다시 아뢰기를, "천명에만 맡길 것이 아니라, 인사(人事)를 다하여야 마땅하니, 밖으로 내보내 혐의를 피하게 하소서" 하였다. 세조가 편지로 이르기를, "국가의 큰 일은 마땅히 선후를 따져서 깊이 생각하고 널리 의논하여 새로운 생각이 나면, 이전 생각은 버려야 하므로, 내가 두어 달을 두고 계책을 생각하고 천만 가지로 궁리하여 이제야 정하였다. 경들도 고집할 것이 아니요, 나도 독단으로 할 것이 아니다. 고집이 없으면 국론에 무엇을 취하며, 독단이 없으면 한 사람에게 무엇을 계품하겠는가. 유(瑜)의 집을 다스려 방금(防禁)을 엄하게 하고, 시종을 줄여 외부로 나가 거처하게 하는 것이 좋다" 하였다. 을미에 정

인지가 또 백관을 거느리고 다시 청하매, 세조가 편지로 이르기를, "어제 내 편지에 다 말했다" 하였다. 《금석일반(金石一斑)》

○ 상왕이 금성대군 유의 집에 출거(出居)하였는데, 삼군진무(三軍鎭撫) 두 사람이 군사 열 명을 거느리고 문을 파수하여 숙직하였다.《금석일반》

경자에 의정부가 의논하기를, 상왕전(上王殿)에 주부 환관(酒府宦官) 두 사람, 장번 환관(長番宦官) 두 사람, 차비 수구치[差備速古赤] 네 사람, 별감 네 사람을 모두 번(番)으로 나누고, 시녀 열 사람, 무수리 다섯 사람, 복기[卜只] 두 사람, 수모(水母) 두 사람, 방자(房子) 네 사람, 두 별실의 시인(侍人) 각각 두 사람, 무수리 각 한 사람, 각 색장(色掌) 열두 사람을 두 번으로 나누어, 하나는 덕녕부(德寧府) 관원이 차례로 낮에 번들고, 하나는 대비 두 별실의 본댁의 환관 시녀가 본가에 통문(通問)하는 것과, 물건의 진납(進納)하는 것을 맡되, 사흘마다 덕녕부가 승정원에 고하도록 하였다.《금석일반》

○ 6월에 명 나라 사신이 태평관(太平館)에 왔는데, 세조가 아무 날로 창덕궁 상왕 어전에서 사신을 청하여 잔치하기로 하였다. 박팽년·성삼문이 모의하여 그 날에 성승과 유응부로 하여금 운검(雲劍)을 삼아서 잔치가 한창 벌어진 때에 일을 시작하여, 성문을 꼭 닫고 세조의 우익(羽翼)을 베면, 상왕을 복위하기는 손바닥을 뒤집는 것처럼 쉬울 것이라 하였다. 유응부가 말하기를,

"임금과 세자는 내가 맡을 것이니, 나머지는 자네들이 처치하라" 하였다. 성삼문이 말하기를, "신숙주(申叔舟)는 나의 평생 친구이지만, 죄가 무거우니, 베지 않을 수 없다" 하였다. 모두 그렇다고 말하고, 형조 정랑 윤영손(尹鈴孫)화산 부원군(花山府院君) 권전(權專)의 사위이다. 을 시켜 신숙주를 죽이기로 하였다. 성삼문이 김질에게 말하기를, "일이 성공하면 자네의 장인 정창손(鄭昌孫)이 수상이 될 것이다" 하였다. 계획이 다 정해졌는데, 한명회(韓明澮)가 아뢰기를, "창덕궁 광연전(廣延殿)이 좁고 또 찌는 듯이 더우니, 세자는 들어오지 말고, 운검(雲劍)도 들어오지 못하게 하기를 청하니, 세조가 그대로 하였다. 성승이 칼을 차고 들어가려 하니, 한명회가 말하기를, "이미 운검은 들이지 말라 하였다" 하였다. 성승이 물러나서 한명회 들을 쳐 죽이려 하니, 성삼문이 말하기를, "세자가 오지 않았으니, 한명회를 죽여도 소용이 없다" 하였다. 유응부는 그래도 들어가 치려 하니, 박팽년과 성삼문이 굳이 말리기를, "지금 세자가 본궁에 있고, 또 운검을 들이지 않으니, 이것은 하늘 뜻이라, 만일 여기서 거사하였다가 세자가 경복궁에서 군사를 일으키면 성패를 알 수 없으니, 다른 날에 임금과 세자가 같이 있는 때를 타서 거사하여 성공하는 것만 못하다" 하였다. 유응부가 말하기를, "일은 신속하게 처리하는 것이 중요한데, 만일 후일로 미루면 일이 누설될까 두렵다. 세자가 비록 본궁에 있지만, 모신과 적자가 모두 수양을 따라 여기에 왔으니, 오늘 이 무리를 다 죽이고 상왕을 복위시켜 호령하면서, 한 떼의 군사를 거느리고 경복궁에 들어가면 세자가 장차 어디로 도망하겠는가. 비록 지혜있는 자가 있다 해도 계교를 내지 못할 것이니, 좀처럼 만나기 힘든 기회라, 놓쳐서는 안 된다" 하였다. 박팽년 등이 굳이 만전지계(萬全之計)가 아니라고 유응부를 말려 발동하지 못하게 하였다. 윤영손은, 계획이 정지된 것을 알지 못하고 신숙주가 한쪽 마루에 나가서 머리 감는 것을 틈타 칼을 가지고 앞으로 다가갔다. 성삼문이 눈짓하여 만류하니, 영손이 물러갔다. 김질이 일이 성사되지 않는 것을 보고 달려가서 정창손과 꾀하기를, "오늘 특별히 운검을 들이지 않고, 세자도 오지 않았으니, 이것은 천명이라, 먼저 고발하면 부귀를 누리리라" 하여, 정창손이 그 말대로 김질과 함께 대궐에 달려가서 변을 고하기를, "신은 실상 알지 못하는데, 김질이 삼문의 무리와…… 만 번 죽어 마땅한 죄입니다" 하였다. 세조가 김질을 불러들여 그 진상을 물으니, 김질이 대답하기를, "성삼문이 신을 보자고 청하기에 신이 가 보았더니, 성삼문이 말하기를, '근일에 상왕께서 창덕궁 북쪽 담을 터놓고 유(瑜)의 예전 집에 왕래하는데, 이것은 반드시 한명회 등의 헌책 때문이라' 하였습니다. 신이 말하기를 '어찌하여 그런가' 하니, 성삼문이 말하기를, '그 자세한 사항은 알지 못하나, 그러나 이는 상왕을 좁은 곳에 넣어두고 한두 명 장사로 하여금 담을 넘어 들어가서 불궤(不軌) 한 일을 도모하려 함일 것이라' 하였습니다. 또 말하기를, '상왕과 세자가 모두 어리니, 만일 이 뒤에 임금이 죽고 왕위에 서기를 다툰다면 상왕을 돕는 것이 옳으니, 꼭 너의 장인에게 이르라'고 하였습니다" 하였다. 세조가 곧 여러 승지를 불러들여 성삼문을 결박하고 심문하였다. 《추강집》 《해동야언(海東野言)》

○ 공조 참의 이휘(李徽)가 일이 발각됨을 듣고 정원에 나가서 성삼문 등의 음모를 고하여 아뢰기를, "신이 곧 아뢰려 하였으나, 그 실상을 알지 못하여 감히 곧 아뢰지 못하였습니다" 하였다.

○ 세조가 승지 윤자운(尹子雲)을 보내어, 상왕께 고하기를, "성삼문이 심술이 좋지 않으나, 조금 학문을 알기로, 정원에 두었다가 일이 실수가 많기에 예방 승지를 공방(工房) 승지로 고쳤더니, 마음에 원망을 품고 말을 지어내기를, '상왕을 유(瑜)의 집에 왕래하게 하는 것은 반드시 몰래 불측한 일을 하려 함이라' 하고, 이어서 대신을 모조리 죽이려 하였다 하므로, 지금 국문하고 있다" 하였다. 상왕이 윤자운에게 술을 주었다.

○ 세조가 편전(便殿)에 나와 좌정하니, 성삼문이 승지로 입시하였다. 무사로 하여금 끌어 내려, 김질이 고한 말로 심문하매, 성삼문이 한참 하늘을 쳐다보고 있다가 아뢰기를, "김질과 대질하기를 원한다" 하였다. 세조가 질에게 명하여 그 실상을 말하니, 성삼문이 그치게 하고 웃으며 아뢰기를, "다 참말이다. 상왕께서

춘추가 한창 젊으신데 손위(遜位)하셨으니, 다시 세우려 함은 신하된 자가 마땅히 할 일이라, 다시 무엇을 묻는가?" 하고 김질을 돌아보며 말하기를, "네가 고한 것이 오히려 말을 둘러대어 직절(直截)하지가 못하다. 우리들의 뜻은 바로 이러이러한 일을 하려 한 것이다" 하였다.

명하여 국문하니, 성삼문이 박팽년·이개·하위지·유성원·유응부·박정이 그 계획을 안다고 끌어대었다. 세조가 말하기를, "너희들이 어찌하여 나를 배반하는가?" 하니, 성삼문은 소리를 높여 말하기를, "옛 임금을 복위하려 함이라, 천하에 누가 자기 임금을 사랑하지 않는 자가 있는가. 어찌 이를 모반이라 말하는가? 나의 마음은 나랏 사람이 다 안다. 나으리 [방언에 종친을 나으리라 한다]. 가 남의 나라를 도둑질하여 뺏으니, 성삼문이 신하가 되어서 차마 군부(君父)의 폐출되는 것을 볼 수 없기 때문에 그러한 것이다. 나으리가 평일에 곧잘 주공(周公)을 끌어댔는데, 주공도 이런 일이 있었는가. 성삼문이 이 일을 하는 것은 하늘에 두 해가 없고, 백성은 두 임금이 없기 때문이라." 하였다.

세조가 발을 구르며 말하기를, "선위를 받을 때에는 어찌하여 저지하지 않고, 도리어 내게 붙었다가 이제 나를 배반하는가?" 하였다. 성삼문이 말하기를, "사세가 불가능했던 것이다. 내가 원래 그것을 저지하지 못할 바에는 물러가서 한 번 죽음이 있을 뿐임을 알지만, 공연히 죽기만 해야 소용이 없겠으므로, 참고 지금까지 이른 것은 뒤에 일을 도모하려 함이라" 하였다. 세조가 말하되, "네가 신이라 일컫지 않고 나를 나으리라고 하는데, 네가 내 녹을 먹지 않았느냐. 녹을 먹고 배반하는 것은 반역이다. 겉으로는 상왕을 복위시킨다 하지마는, 실상은 네가 하려는 것이다" 하였다. 성삼문이 말하기를, "상왕이 계신데, 나으리가 어떻게 나를 신하로 삼을 수 있는가. 내가 또 나으리의 녹을 먹지 않았으니, 만일 믿지 못하거든 나의 집을 적몰(籍沒)하여 따져 보라. 나으리의 말은 모두 허망하여 취할 것이 없다" 하였다.

　세조가 극도로 노하여 무사로 하여금 쇠를 달구어 그 다리를 뚫고 그 팔을 끊으나, 얼굴빛이 변하지 않고 다른 책에는 쇳조각을 달구어 배꼽에 놓으매, 기름이 지글지글 끓어 탔다 하였다. 쇠가 식기를 기다려 말하기를, "다시 달구어 오게 하라. 나으리의 형벌이 참 독하다" 하였다.

　그때, 신숙주가 임금의 앞에 있었다. 성삼문이 꾸짖어 말하기를, "옛날에 너와 더불어 같이 집현전에 번들 적에 영릉(英陵 세종의 능호)께서 원손(元孫)을 안고 뜰을 거닐면서 말씀하시기를, '나의 천추만세 뒤에 너희들이 모름지기 이 아이를 잘 생각하라' 하시던 말씀이 아직도 귓전에 남았는데, 네가 어찌 잊었는가? 너의 악함이 이 정도에 이를 줄은 생각지 못하였다" 하였다. 세조가 신숙주더러 "뒤편으로 피하라" 하였다.

세조가 박팽년의 재주를 사랑하므로, 가만히 사람을 시켜서 전하기를, "네가 내게 항복하고 같이 역모를 안 했다고 하면 살 수 있을 것이다" 하였다. 박팽년이 웃고 대답하지 않으며, 임금을 일컬을 때에는 반드시 나으리라고 하였다. 세조가 크게 노하여 무사로 하여금 그 입을 마구 때리게 하고 말하기를, "네가 이미 신이라 일컬었고 내게서 녹을 먹었으니, 지금 비록 신이라 일컫지 않더라도 소용이 없다" 하였다. 박팽년이 말하기를, "내가 상왕의 신하로 충청 감사가 되었고, 장계에도 나으리에게 한 번도 신이라 일컫지 않았으며, 녹도 먹지 않았다" 하였다. 그 장계를 대조하여 보니, 과연 신(臣)자는 하나도 없었다. 거(巨)자로 썼다. 녹은 받아서 먹지 않고, 한 창고에 봉하여 두었다.

 세조가 유응부에게 묻기를, "너는 무엇을 하려 하였느냐." 하니, 유응부가 말하기를, "잔칫날을 당하여 한 칼로 족하(足下)를 폐하고 본 임금을 복위하려 하였더니, 불행히도 간인이 고발하였으니, 다시 무엇을 하랴. 족하는 빨리 나를 죽이라" 하였다. 세조가 노하여 말하기를, "네가 상왕의 이름을 내걸고 사직을 도모하려 하였구나" 하고, 무사로 하여금 살가죽을 벗기며 물으니, 유응부가 성삼문 등을 돌아보며 말하기를, "사람들이 말하되 서생과는 같이 일을 꾀할 수 없다 하더니 과연 그렇도다. 지난번 잔치를 하던 날에 내가 칼을 시험하려 하니, 너희들이 굳이 말하기를, '만전의 계책이 아니라' 하여 오늘의 화를 당하게 되었으니, 너희들은 사람이라도 꾀가 없으니 짐승과 무엇이 다르랴" 하며, "만약 실정 밖의 일을 물으려거든 저 어리석은 선비에게 물으라" 하고, 즉시 입을 다물고 대답하지 않았다.

세조가 더욱 노하여 쇠를 달구어 배 아래 두 허벅지 사이에 넣으니, 지글지글 끓으며 피부와 살이 다 익었다. 유응부가 얼굴 빛을 변하지 않고 쇠가 식기를 기다려 쇠를 땅에 던지며, "다시 달구어 오라" 하고 끝끝내 항복하지 않았다.

이개(李塏)는 단근질하는 형신에 임하여 천천히 묻기를, "이것이 무슨 형벌이냐?" 하매, 세조가 대답하지 못하였다. 하위지의 차례가 되자, 하위지가 말하기를, "사람이 반역이란 죄명을 쓰면 마땅히 베는 형벌을 받게 되는데 다시 무엇을 묻는가?" 하매, 세조가 노여움이 풀려서 단근질하는 형신은 하지 않았다.

성삼문에게 공모한 자를 물으니 대답하기를, "박팽년 등과 우리 아버지뿐이다" 하였다. 다시 물으니, 대답하기를, "우리 아버지도 숨기지 않는데, 하물며 다른 사람이랴?" 하였다. 그때에 제학 강희안(姜希顔)이 이에 관련되어 고문하였으나 불복하였다. 세조가 성삼문에게 묻기를, "강희안이 그 역모를 아느냐?" 하니, 성삼문이 대답하기를, "실지로 알지 못한다. 나으리가 선조(先朝)의 명사를 다 죽이고 이 사람만 남았는데, 모의에 참여하지 않았으니, 아직 남겨 두어서 쓰게 하라. 이 사람은 진실로 어진 사람이다" 하여, 강희안은 마침내 죄를 면하였다.

성삼문이 나갈 때에 좌우 옛 동료들에게 말하기를, "너희들은 어진 임금을 도와서 태평성세를 이룩하라. 성삼문은 돌아가 옛 임금을 지하에서 뵙겠다" 하였다. 수레에 실릴 때에 임하여 시를 지어 이르되,

둥 둥 둥 북소리는 사람 목숨 재촉하는데 / 擊鼓催人命
머리 돌려 돌아보니 해는 이미 기울었네 / 回頭日欲斜
머나먼 황천길에, 주막하나 없으니 / 黃泉無一店
오늘밤은 뉘 집에서 재워줄꼬 / 今夜宿誰家

하였다. 그 딸이 나이 대여섯 살쯤 되었는데, 수레를 따르며 울며 뛰었다. 성삼문이 돌아보며 말하기를, "사내 자식은 다 죽을 것이고, 너는 딸이니까 살 것이다." 하였다. 그 종이 울며 술을 올리니, 몸을 굽혀서 마시고 시를 지어 이르되,

임이 주신 밥을 먹고, 임 주신 옷 입었으니 / 食人之食衣人衣
일평생 한 마음이 어길 줄 있었으랴 / 所一平生莫有違
한 번 죽음이 충의인 줄 알았으니 / 一死固知忠義在
현릉(顯陵)의 송백(松柏)이 꿈 속에 아른아른 / 顯陵松柏夢依依

하였다. 《추강집》에는 성 승의 시라 하였다 죽은 뒤에 그 집을

적몰하니, 을해년(1455) 이후의 녹봉을 따로 한 방에 쌓아 두고 아무 달의 녹이라 적어 놓았다. 집에는 남은 것이 없고, 침방에는 짚자리가 있을 뿐이었다. 이 개도 수레에 임하여 시를 지어 이르되,

삶[生]이 우(禹)의 구정(九鼎)처럼 중히 여겨야 할 경우에는, 삶도 또한 중요하거니와 / 禹鼎重時生亦大
죽음도 기러기 털처럼 가벼이 보아야 할 경우에는 죽음도 영화로세 / 鴻毛輕處死有榮
두 임을 생각하다가, 성문 밖을 나가노니 / 明發不寐出門去
현릉(顯陵)의 솔빛만이, 꿈속에도 푸르러라 / 顯陵松柏夢中青

하였다. 박팽년 등의 벤 머리를 모두 달아매어 돌렸다. 《해동야언》에는 박팽년은 옥중에서 죽었다 하였다.

○ 형벌에 임하여 김명중(金命重)에게 얘기한 말로 보면, 옥중에서 죽었다는 것은 틀린 말이다. 유성원은 그 때에 사예(司藝)로 성균관에 있었는데, 여러 선비들이 성삼문의 일을 고하니, 곧 집에 돌아와서 아내와 더불어 술을 마시며 영결하고, 사당으로 올라갔다. 그 아내가 오래 내려오지 않는 것을 괴이하게 여겨 가보니, 관디를 벗지 않고 반듯이 누워서 찬 칼을 빼어서 목에 대고 나뭇 조각으로 칼자루를 쳐서 목에 칼을 박았는데, 때는 이

미 늦었다. 아내는 그 까닭을 몰랐는데, 조금 있다가 관청에서 나와 시체를 가져다가 찢었다. 《추강집》《동각잡기》

곤장을 때리면서 그 일당들을 국문하니, 성삼문이 대답하기를, "김문기(金文起)·권자신(權自愼)·송석동(宋石同)·윤영손(尹鈴孫)·이 휘(李徽) 및 우리 부자라" 하였다. 사람을 시켜 묻기를, "상왕도 또한 아는가?" 하니, 성삼문이 말하기를 "권자신을 시켜 통지하였다."고 말했다. 이에 권자신·김문기 등 칠십여 인을 차례로 잡아 국문하고 율(律)에 의하여 처단하여 하나도 벗어나지 못하였다. 허조(許慥)[허후(許詡)의 아들]는 이 개의 매부로 모의에 참여하였다가 스스로 목찔러 죽었다. 《해동야언》

○ 동학사(東鶴寺)《초혼기(招魂記)》에 말하기를, 이개(李塏)[공회(公澮)]·박팽년(朴彭年)[헌(憲)·순(珣)·분(奮)·파(波)·녹대(彔大)·개동(丐同)·흔산(欣山)·금년생 여덟 사람]·성삼문(成三問)[맹첨(孟瞻)·맹년(孟年)·맹종(孟終)·헌택(憲澤)·금년생 일곱 사람]·하위지(河緯池)[연(璉)·반(班)]·유성원(柳誠源)[귀련(貴連)·송련(松連)]·박중림(朴仲林)[박팽년의 아버지]·대년(大年)·기년(耆年)·영년(永年)·인년(引年)[박팽년의 아우]·권자신(權自愼)[구지(仇之)]·김문기(金文起)[현석(玄錫)]·성 승(成勝)·삼고(三顧)·삼빙(三聘)·삼성(三省)[성삼문의 아우]·유응부(俞應孚)[사수(思守)]·박 정(朴蜻)[숭문(崇文)·계남(季男)·즉동(則同)]·윤영손(尹鈴孫)·송석동(宋石同)[창(昌)

· 녕(寧) · 안(安) · 태산(太山)네 사람] · 이유기(李裕基)[은산(銀山)] · 심신(沈愼)[올미(乭未)] · 권서(權署) · 권저(權著) · 최사우(崔斯友) · 정관(鄭冠) · 봉여해(奉汝諧)[유(細)] · 김감(金堪)[한지(漢之) · 선지(善之)] · 이호(李昊)[성손(成孫) · 무손(茂孫)] · 이지영(李智英)[사이(思怡)] · 이의영(李義英) · 장귀남(張貴南)충(冲) · 이말생(李末生) · 이오(李午)[철(鐵) · 금(金)] · 심상좌(沈上佐) · 황선보(黃善寶) · 조청로(趙淸老)[영서(榮緒)] · 이휘(李徽) · 김구지(金九知) · 이정상(李禎祥) · 최치지(崔致地) · 득지(得地) · 허조(許慥)[연령(延齡) · 구령(九齡)]

○ 화산부원군(花山府院君) 부인 최씨(崔氏)는 곧 현덕왕후(顯德王后)의 어머니인데, 그 아들 권자신예조 판서 과 더불어 극형을 받았다. 《해평가전(海平家傳)》

○ 성희[成熺 성승의 종제이고 참판 격(橄)의 손자]는 집현전에 벼슬하였는데, 성삼문과 마음이 같았다. 열 차례나 엄하게 국문하였으나, 입을 다물고 말하지 않았다. 김해(金海)로 귀양 갔다가 3년 후에 풀려나 돌아왔는데, 슬프고 분하여 홧병으로 죽었다. 성종때에 도승지 채수(蔡壽)가 천변(天變)을 기회로 아뢰어 병자옥사에 연좌된 수백 인을 소방(疏放)하였다. 《용재집》

○ 정창손과 김질의 죄를 특별히 사하여 공신을 삼아서, 정창손은 좌익(佐翼) 삼등에서 이등에 승진하고, 김질은 좌익 삼등으로 추록(追錄)하였다. 김질이 사예(司藝)로서 고변하고 군기정(軍器

正)으로 칠월에 녹훈하였다.

○ 명하여 집현전을 파하고, 그곳에 있는 서책을 예문관(藝文館)으로 옮겼다.

○ 정보(鄭保)를 연일(延日)에 귀양보냈다. 정보의 성질이 방랑하여 구속을 받지 않으며, 성삼문·박팽년과 사이가 좋았다. 그 서매(庶妹)가 한명회의 첩이 되었는데, 육신의 옥이 일어날 때에, 한명회의 집에 가서 묻기를, "공이 어디 갔는가?" 하니, 누이가 말하기를, "죄인을 국문하느라고 대궐에 있습니다." 하였다. 보가 손을 내두르며 말하기를, "그들이 무슨 죄인인가. 공이 만일 이 사람들을 죽이면 만고의 죄인이 될 것이다" 하고, 곧 옷을 떨치고 가버렸다. 한명회가 집에 돌아와서 그 말을 듣고 곧 입궐하여 아뢰기를, "정보가 난언(亂言)을 하였습니다" 하였다.

세조가 친히 국문하니, 아뢰기를, "항상 성삼문·박팽년을 성인 군자로 생각하기 때문에 이런 말을 했습니다" 하였다. 좌우가 아뢰기를, "제가 이미 자백하였으니, 처형하소서" 하였다. 세조가 거열형을 명하고 나서 묻기를, "이는 어떤 사람인가." 하니, 좌우가 아뢰기를, "이는 정몽주(鄭夢周)의 손자입니다" 하였다. 급히 명하여 처형을 그치게 하고 이르기를, "충신의 후손이니 특별히 사형을 감하여 연일현으로 귀양보내라" 하였다. 《병자록(丙子錄)》

한명회가 정보의 서매를 첩으로 삼고, 노비 삼십 구(口)를 주었는데, 한명회가 생각하기를, 노비를 적게 준다고 원한을 품었나 생각하였다가 이 때에 와서 고변(告變)하였던 것이다. 원손 이규(李珪)가 격쟁(擊錚)하여 원통함을 호소하고 이어서 양사(兩司)가 그 원통함을 의논하여 아뢰기를, "이 사람을 죽이면 자문(子文)의 후손을 죽이는 것과 무엇이 다르랴" 하므로, 죽이는 것을 감하여 단성(丹城)으로 귀양보냈다. 《월정만필(月汀漫筆)》

○ 대간이 전라 감사 이석형(李石亨)을 국문하기를 청하니, 윤허하지 않았다. 이석형이 세종조에 삼장원(三壯元)에 올라 명성이 한 때에 으뜸이 되었는데, 성삼문·박팽년 등 여러 사람과 절친하였다. 세조가 선위를 받을 때, 마침 내간상을 당하여 복을 마치자, 전라 감사를 제수하였는데, 이때에 이르러 옥사가 일어났으나, 외임인 까닭으로 연루되지 않았다. 순찰 중에 익산(益山)에 이르러 여러 사람들이 다 죽었다는 말을 듣고 벽 위에 시를 써 이르되,

우(虞) 나라 때 이녀죽(二女竹)과 / 虞時二女竹
진(秦) 나라 때 대부송(大夫松)이로다 / 秦日大夫松
비록 그 슬픔과 영화로움의 차이는 있을망정 / 縱有哀榮異
같은 절개는 대와 솔이 염량(炎凉)이야 있을소냐 / 寧爲冷熱容

하고, 병자 6월 27일 작(作)이라고 썼다. 대간이 시의 뜻을 가지

고 국문하자고 아뢰어 청하니, 세조가 시를 보고 이르기를, "시인의 뜻이란 것이 어디 있는지 알지 못하니, 어찌 반드시 국문까지 하랴?" 하니, 일이 드디어 끝나고 말았다. 《해동악부(海東樂府)》〈월사집비(月沙集碑)〉

○ 상왕이 별궁에 있는데, 성삼문의 음모가 실패로 돌아가니, 정인지가 글을 올려 아뢰기를, "지난번에 성삼문들의 음모를 상왕이 미리 알아서 종사에 죄를 얻었으니, 그대로 상왕의 위호를 누릴 수 없습니다. 일찍 도모하여 후환을 막으소서" 하였다. 《영남야언(嶺南野言)》

○ 6월 21일 계축 《야사(野史)》에는 병자(1456) 6월이라 하였고, 《국승(國乘)》에는 정축 6월이라 하였다. 에 백성 김정수(金正水)가 제학 윤사균(尹士昀)에게 말하기를, "판돈령(判敦寧) 송현수(宋玹壽)와 판관(判官) 권완(權完)이 반역을 꾀한다" 하였다. 윤사균이 그대로 아뢰니, 세조가 정인지·정창손·신숙주·박중손(朴仲孫)·홍달손(洪達孫)·홍윤성(洪允城)·윤사로(尹師路)·이인손(李仁孫)·양정(楊汀)·권람(權擥)·구치관(具致寬)·황효원(黃孝源)·한명회(韓明澮)·조석문(曺錫文)·권지(權摯)·김질(金礩) 등을 불러들여, 송현수(玹壽)와 완(完)을 금부에 가두었다. 《금석일반》

○ 권 완의 딸이 상왕의 후궁이었다.

○ 갑인에 혜성(彗星)이 보였다.

○ 26일 무오일에 현덕왕후를 추폐(追廢)하여 서인으로 삼았다.

○ 교지를 내리기를, "전일에 성삼문이 말하기를, '상왕도 그 모의에 참여하였다' 하므로, 종친 백관이 말을 합하여, '상왕이 종사(宗社)에 죄를 얻었으니, 서울에 편안히 있을 수 없다'고 하는 것을 내가 굳이 윤허하지 않은 것은 나의 처음 뜻을 보전하려 한 것이었으나, 지금에 와서 인심이 안정되지 못하고 반란을 선동하는 무리가 뒤를 이어 끝나지 않으니, 내가 어찌 사사로운 정의로 큰 법을 굽히어 하늘의 명령과 종묘 사직의 중함을 돌아보지 아니하랴? 특별히 여러 사람의 의논을 따라서 노산군(魯山君)으로 강봉(降封)하고 영월(寧越)에 출거(出居)케 하였으며, 의식을 후하게 주어 목숨을 끝까지 보존토록 하고 나라의 인심을 진정케 하노니, 너희 정부는 안팎에 이를 깨우쳐 일러 주라" 하였다. 28일 경신일에 상왕을 강봉하여 노산군으로 봉하여 첨지 어득해(魚得海)에게 명하여 군사 50명으로 호송하고, 군자정(軍資正) 김자행(金自行)과 내시 부사(內侍府事) 홍득경(洪得敬)이 따라갔다. 금성대군 유(瑜)를 순흥부(順興府)에 안치하였다. 《금석일반》

《실록》에 말하기를, 병자 12월에 영상 정인지 · 우상 정창손 · 찬성 신숙주 · 참찬 황수신(黃守身) 등이 아뢰기를, "지금 상왕이 임금과 명위(名位)가 서로 같으므로, 소인들이 틈을 타서 반란을 꾀하는 자가 있으니, 근일의 성삼문의 난이 그것입니다. 다른 곳에 피거(避居)하게 하여 간특한 일을 막으소서" 하였으나 윤허하지 않는다고 전교하였다.

○ 이판 권람 · 호판 이인손(李仁孫) · 예판 박중손 · 병판 홍달손 · 형판 성봉조 · 공판 김하 · 이참 박원형(朴元亨) · 호참 어효첨(魚孝瞻) 등이 아뢰기를, "상왕으로 하여금 피거(避居)하게 하여 혐의를 끊게 하소서" 하였으나 또 윤허하지 않았다.

○ 정인지 등이 다시 아뢰기를, "비록 친부자간이라도 만일 혐의스러운 일이 있으면 오히려 피하는 것이오니, 신들의 청을 따라서 종사의 대계를 굳게 하소서" 하였으나 전교하기를, "중국에 정통(正統)의 고사(故事)가 있고, 또 내 뜻이 본래 이와 같지 않으니, 경들은 다시 말하지 말라" 하였고 잇달아 아뢰어도 윤허하지 않았다.

○ 대사헌 안숭효(安崇孝)와 좌사간 권개(權愷) 등이 아뢰기를, "이개의 무리가 복위를 꾀하여 상왕을 끼고서 종사를 위태롭게 하려 하였는데, 상왕도 참여하여 들었으니, 종사의 대계에 있어서 어떻게 합니까? 상왕이 마땅히 궁에서 피하여 외부로 옮기어 공론을 따라야 합니다" 하였으나 윤허하지 않았다.

상왕이 영월을 향하여 떠나는데, 세조가 환관 안로(安璐)를 명하여 화양정(華陽亭)에서 전송하였다. 상왕이 안로에게 이르기를, "성삼문의 모의를 내가 알고도 말하지 않았으니, 이것이 나의 죄이다" 하였다. 《금석일반》

7월에 금부도사[그 이름은 잃었다]가 노산군을 영월 서강 청령포(淸泠浦)에 모셔다 두고 밤에 곡탄(曲灘) 언덕 위에 앉아 슬퍼서 노래를 지었는데, "천만리 머나먼 길에 고운 님 여의옵고, 내 마음 둘 데 없어 냇가에 앉았으니, 저 물도 내 맘 같도다. 울어 밤길 예도다"라 하였다.《병자록》

○ 김용계(金龍溪) 지남(止男)이 금강에 이르러 여랑(女娘)의 슬픈 노래를 들었는데, 대개 도사의 지은 것이었다.

○ 조금 뒤에 객사(客舍) 동헌(東軒)에 옮겨 거처하였는데 민간의 말에 전하기를 청령포(淸泠浦)는 수재(水災)를 입을 염려가 있으므로, 객사로 옮겼다 한다. 매양 관풍매죽루(觀風梅竹樓)에 올라앉아 밤에 사람을 시켜 피리를 불매, 소리가 먼 마을까지 들렸다. 또 매죽루 아래에서 근심스럽고 적적하여 짧은 글귀를 읊기를,

달 밝은 밤 자규새 울면 딴데는 월욕저촉혼제(月欲低蜀魂啼)라 하였다. / 月白夜蜀魂啾 一作月欲低蜀魂啼

시름 못 잊어 딴 데는 상사억(相思憶)이라 하였다. 다락에 기대 었네 / 含愁情 一作相思憶 倚樓頭

네 울음 슬퍼 내 듣기 괴롭구나. 딴 데는 이성고 아심비라 하였다. / 爾啼悲我聞苦 一作爾聲苦我心悲

네 소리 없으면 내 시름 없을 것을 / 無爾聲無我愁

이 세상 괴로운 이에게 말을 보내 전하노니 / 寄語世上 一作爲報天下 苦勞 一作惱人

춘삼월 자규루(子規樓)엘랑 삼가 부디 오르지 마소 / 愼莫登春三月子規樓 一作春三月子規啼山月樓

라 하였는데, 나라 사람들이 듣고 울지 않는 이가 없었다. 또 시를 지어 이르되,

원통한 새 한 마리 궁중에서 나온 뒤로 / 一自寃禽出帝宮
외로운 몸 단신 그림자 푸른 산을 헤매누나 / 孤身隻影碧山中
밤마다 잠 청하나 잠들 길 바이 없고 / 假眠夜夜眠無假
해마다 한을 끝내려 애를 써도 끝없는 한이로세 / 窮恨年年恨不窮
울음소리 새벽 산에 끊어지면 그믐달이 비추고 / 聲斷曉岑殘月白
봄 골짝에 토한 피가 흘러 꽃 붉게 떨어지는구나 / 血流春谷落花紅
하늘은 귀 먹어서 저 하소연 못 듣는데 / 天聾尙未聞哀訴
어쩌다 서러운 이 몸 귀만 홀로 밝았는고 / 胡乃愁人耳獨聰

하였다. 매양 맑은 새벽에 대청에 나와서 곤룡포를 입고 걸상에 앉아 있으면 보는 자가 일어나서 공경하지 않는 이가 없었다. 경내가 가물 때 향을 피워 하늘에 빌면 비가 쏟아졌다. 《병자록》《전화적책(前火迹冊)》《추강냉화》《송와잡기(松窩雜記)》
○ 세조가 강원 감사 김광수(金光晬)에게 이르기를, "노산군에게 사철 과실이 나는 대로 연달아 보내주고, 원포(園圃)를 설치하여

참외·수박·채소 같은 것을 많이 준비하여 지공(支供)하며, 달마다 수령을 보내어 문안하게 하라" 하고, 내시부 우승직(內侍府右承直) 김정(金精)을 보내어, 노산에게 문안하였다.《장릉지(莊陵志)》

상고해 보건대, 상왕을 금성(錦城)의 집으로 내보내고, 상왕을 강봉하여 영월에 안치하자고 청한 두 일을,《국승(國乘)》에는 모두 정축년(1457)이라고 실려 있는데,《현덕왕후 천장지(遷葬誌)》에는 병자년(1456)이라고 하였고, 성삼문 등이 피살되고, 노산을 군으로 강봉하여 밖으로 내보냈다는 그 밑에 또 명년 정축이라는 말이 있는 것을 보면, 강봉하여 지방으로 쫓아낸 것은 실상 병자년 옥사가 이루어지던 날에 있은 것이니, 야사에 기록된 것이《해동야언》과《논사록(論思錄)》에는 모두 성삼문의 일이 발각된 뒤에 노산을 옮겼다고 하였다. 대개 모두 거짓말이 아니다.
《금석일반(金石一班)》에 실린 노산이 안로(安潞)에게 고한 말은, 노산의 죄를 성립시킨 것이나, 성삼문이 죽은 뒤에 영월로 옮긴 증거가 되는 것이다. 또, 〈춘삼월 자규루〉 시와 날이 가물어서 비를 빈 두 가지 일로 참작하여 보면, 영월로 옮긴 것은 이미 정축년 봄 전에 있은 것이 분명하다. 이에《소릉지(昭陵誌)》로 증거를 삼아서 금성의 집으로 나간 것과 영월로 옮긴 사실을 병자년에 실어 둔다.
《실록》에는 두 가지 일을 모두 정축년에 실어 놓았는데, 음애(陰

崖)가 말하기를, "이것은 특히 여우와 쥐 같은 무리의 간악하고 아첨하는 기록으로서 후일에 실록을 편찬한 자들이 모두 당시에 세조를 따르던 자들이니, 실록을 모두 믿을 수는 없다" 하였다. 《노릉지》

2-2 연려실기술 제4권 단종조 고사본말

(端宗朝故事本末) (사육신과 박중림 부분만 발췌함)

정난(靖難)에 죽은 여러 신하

박팽년(朴彭年)

박팽년은, 자는 인수(仁叟)이며, 호는 취금헌(醉琴軒)인데, 본관은 순천(順天)이다. 세종 갑인에 문과에 오르고, 정묘에 중시에 뽑혔다. 병자에 형조 참판으로 아버지 판서 중림(仲林)과 아우 네 사람과 아들 헌(憲) 등과 함께 모두 죽었다. 숙종 때에 시호를 충정(忠正)이라 내려주고, 영조 무인(1758)에 이조 판서로 증직하였다.

○ 공은 성품이 침착하고 말수가 적었으며, 《소학(小學)》책에 나오는 예법으로 몸을 단속하여 종일토록 단정히 앉아 의관을 벗지 아니하여, 사람으로 하여금 공경하는 마음이 우러나게 하였다. 문장이 온화하고 맑으며 필법은 종요(鍾繇)와 왕희지(王羲之)를 본받았다. 《추강집본전》

○ 공은 천성적으로 타고난 충성심이 있어 명 나라의 천순(天順) 황제가 오랑캐에게 잡혔을 때에는 정침(正寢)에서 자지 않고 항상 지게문 밖에 짚자리를 깔고 있었다. 어떤 사람이 물으니 답하기를, "천자가 오랑캐 나라에 있어, 천하가 당황하니, 내가 비록 배

신(陪臣)이나, 차마 마음이 편치 못하기 때문이다" 하였다.《치재일기(耻齋日記)》

○ 《무인기문(戊寅記聞)》에는 이것을 하위지의 말이라 하였고, 혹은 두 공이 다 행하였다 한다.

○ 집현전의 문학하는 선비에 신숙주·최항(崔恒)·이석형(李石亨)·정인지 등이 박팽년·성삼문·유성원·이개·하위지와 함께 모두 한때 이름을 날렸는데, 성삼문은 문란(文瀾)이 호방하나 시에는 재주가 짧고, 하위지는 대책(對策)과 소장(疏章)에는 능하나 시를 알지 못하고, 성원은 타고난 재주가 숙성하였으나, 견문이 넓지 못하고, 이개는 맑고 영리하여 발군의 재주가 있으며 시도 뛰어나게 맑았으나 제배들이 모두 팽년을 추앙하여 집대성(集大成)이라 하였으니, 그가 경학·문장·필법에서 모두 능함을 이름이다. 그러나, 모두 참화(慘禍)를 입어서 저술이 세상에 남아있지 않다.《용재총화》

○ 세조가 영의정이 되어서 부중(府中)에서 잔치하는데, 박팽년이 시를 짓기를,

묘당 깊은 곳에 풍악 소리 구슬프니 / 廟堂深處動哀絲
만사가 오늘에는 도무지 모를레라 / 萬事如今摠不知
풍이 솔솔 불고 버들가지 푸르른데 / 柳綠東風吹細細
꽃이 핀 밝은 봄날 길고 기네 / 花明春日正遲遲

선왕이 이룬 대업은 금궤에 있는 책을 찾아 놓고 / 先王大業抽金櫃

성주의 큰 은혜는 옥잔에 취하도다 / 聖主鴻恩倒玉巵

즐기지 아니하고 어이하랴 / 不樂何爲長不樂

취하고 배부르니 태평성대 노래하세 / 賡歌醉飽太平時

하였다. 세조가 그 시를 부중에 현판으로 걸게 하였다.
○ 세조가 육신들에게 형신할 때에 김질(金礩)을 시켜 술을 가지고 옥중에 가서 옛날 태종이 정몽주에게 불러준 노래를 읊어 시험하니, 성삼문은 정포은의 노래로 답하였고, 박팽년과 이개는 모두 스스로 단가(短歌)를 지어서 답하였다 한다.
○ 일찍이 단가(短歌)를 지어 이르되, "금생여수(金生麗水)라 한들 물마다 금이 나며, 옥출곤강(玉出崑崗)이라 한들 뫼마다 옥이 나며, 아무리 여필종부(女必從夫)라 한들 임 마다 좇을소냐" 하였다. [金生麗水라 흔들 물마다 金이 나며 玉出崑崗이라 흔들 뫼마다 玉이 나며 女必從夫라 흔들 님마다 조츨소냐]《추강집》
○ 공이 처형에 임하여 사람들을 돌아다보며 말하기를, "너희들은 우리들을 난신(亂臣)이라고 생각하지 말라. 우리들의 죽음은 계유년 때 사람(김종서 등을 말함)과 같지 않다" 하였다. 금부랑 김명중(金命重)이 사사로이 박팽년에게 말하기를, "공이 어찌 군부(君父)에게 불효를 저질러 이런 화를 당하는가" 하니, 공이 탄식하되, "마음이 평온하지 않으니 할 수 없다" 하였다.《추강집》

○ 공이 죽을 때에 아들 순(珣)의 아내 이씨(李氏)가 임신 중이었다. 대구(大邱)에 사는 교동(喬桐) 현감 이일근(李軼根)의 딸인데, 자청하여 대구로 갔다.

　조정에서 명하기를, "아들을 낳거든 죽이라" 하였다. 박팽년의 여종 또한 임신 중이었는데, 스스로 생각하기를, "주인이 딸을 낳으면 다행이요, 나와 똑같이 아들을 낳더라도 종이 낳은 자식으로 대신 죽게 하리라" 하였는데, 해산을 하니, 주인은 아들을 낳고 종은 딸을 낳았다. 바꾸어 자기 자식을 삼고, 이름을 박비(朴婢)라 하였다. 장성한 뒤 성종조 때에 박순의 동서 이극균(李克均)이 본 도 감사로 와서 불러 보고 눈물을 씻으며 말하기를, "네가 이미 장성하였는데, 왜 자수하지 않고 끝내 조정에 숨기는가" 하며, 곧 자수시켰다. 임금이 특별히 용서하고 이름을 일산(壹珊)으로 고쳤다. 지금 박 동지(同知) 충후(忠後)가 그 자손이다. 《장빈호찬(長貧胡撰)》《노릉지(魯陵誌)》

○ 부인 이씨(李氏)는 관비가 되어서 수절하며 평생을 마쳤다.

○ 공이 그 사위 이공린(李公驎) 평안 감사 윤인(尹仁)의 아들이요, 재사당(再思堂) 원(黿)의 아버지이다. 을 맞던 날에 공청에서 물러 나와 묻기를, "납폐하였는가?" 하니, 부인이 말하기를, "납폐는 하였지만 폐백을 대광주리에 담았으니, 이것이 무슨 무례인가요" 하였다. 공이 말하기를, "내가 이 사람을 취한 것이 이 때문이요" 하였다. 《병자록》

○ 공린이 무과를 하였는데, 장인에게 연좌되어 폐고(廢錮)되었다가 성종조에 서용되어 현령이 되었고 연산조(燕山朝)에 또 아들 원에 연좌되어 청주로 귀양갔다가 중종반정(中宗反正) 뒤에 청주에 물러나서 살았다.

○ 공이 성삼문 등과 함께 집현전에서 번드는데, 세종이 친히 나와서 잔에 술을 부어 돌렸다. 공이 취하여 엎어져서 고꾸라지매, 세종이 비단 남빛 옷을 벗어서 덮어 주었다. 죽은 뒤에 공의 자손이 이 옷만을 여러 대 전하였는데, 임진왜란 때에 옷과 신주를 함께 땅에 묻었다가 왜적이 물러간 뒤에 파내어 보니, 신주는 완전하나 옷은 썩었다고 한다. 《병자록(丙子錄)》

○ 공의 후손 충후(忠後)가 대구에 살면서 천역에 들었는데, 부사 박응천(朴應川)이 명부에서 빼어 천역을 면하게 하였고, 선조 초년에 관직을 제수하였다. 《동각잡기》

○ 선조가 하루는 신하들에게 이르기를, "박팽년이 일찍이 친구를 천거하였는데, 그 친구가 밭을 주려 하매, 박팽년이 말하기를, '친구간에 주고받는 것은 비록 거마라도 사양하지 않는다는 옛글이 있지마는 혐의스러우니 받을 수 없다' 하고, 거절하였다 하니, 이것이 청렴이라고 이르는 것이다" 하고 곧 명하여 그 자손을 녹용(錄用)하였다.

○ 공의 현손(玄孫) 계창(繼昌)이 선조 신미에 처음으로 녹용의 은전(恩典)을 입어서 소격서(昭格署) 참봉을 제수 받았다. 일찍이

계창이 공의 기제사날 꿈에 여섯 사람이 사당 문 밖에 와서 서 있는 것을 보고 깨어나서 곧 여섯 분의 제사를 지냈다. 박숭장(朴崇章)이 기록한 것에 "한강(寒岡) 정구(鄭逑)가 말하기를 '사대부 집에 훈공이 있어서 군을 봉한 조상은 의례 시조가 되어서 조천(祧遷)하지 않는 것인데, 지금 선생의 사업은 어찌 봉군뿐이겠는가' 하며, '영원히 조천하지 말라' 하였기 때문에, 정식(定式) 삼았다" 하였다.

○ 대대로 회덕(懷德)에 살다가, 뒤에 전의(全義)로 옮겼는데, 지금도 박동(朴洞)에 유지(遺址)가 있다. 《노릉지(魯陵誌)》

박중림(朴仲林)

박중림은, 호는 한석당(閑碩堂)이며, 본관은 순천(順天)이다. 세종 계묘에 문과에 오르고, 정미에 중시에 뽑혀 벼슬이 형조 판서에 이르렀다. 병자에 아들 박팽년과 같이 죽었다. 과보(科譜)에는 계유년에 죽었다 하였다. 시호는 문민공(文愍公)이다.

○ 어려서부터 성품이 효성스러웠고, 장성하여서는 경적(經籍)에 정통하였다. 세종이 집현전을 두니, 공이 문장과 덕행이 있다는 이유로 뽑히었다.

○ 병자에 박팽년과 함께 상왕의 복위를 꾀하다가, 일이 발각되어 같이 죽었다. 처형에 임하여 여러 아들이 울며 고하기를, "임금

에게 충성하려 하니, 효도에 어긋납니다" 하였다. 공이 웃으며 말하기를, "임금을 섬기는 데 충성하지 못한 것은 효가 아니니라." 하였다. 《장릉지(莊陵誌)》

성삼문(成三問)

성삼문은, 자는 근보(謹甫)이며, 호는 매죽헌(梅竹軒)이요, 본관은 창녕(昌寧)이다. 세종 무오에 문과에 오르고, 정묘년에 중시에 장원으로 뽑혔다. 병자년에 승지로서 아버지 승과 아우 세 사람이 모두 죽었다. 숙종이 충문(忠文)이라는 시호를 주고, 영조 무인년(1758)에 이조 판서로 증직하였다.

○ 공은 홍주(洪州) 노은동(魯隱洞 적동리(赤洞里)) 외가에서 났는데, 날 때에 공중에서 "났느냐?" 소리가 세 번이나 들렸기 때문에 성삼문으로 이름 지었다. 사람됨이 소탈하여 얘기와 농담을 좋아하고 앉고 눕는 것도 절도가 없어 겉으로 보기에는 주장이 없는 것 같으나 속뜻은 단단하고 확고하여 빼앗을 수 없는 뜻이 있었다 한다. 《추강집》

○ 항상 임금을 경연청(經筵廳)에서 모시며, 보좌할 때가 많았다. 세종이 말년에 병이 있어 여러 번 온천에 거둥하였는데, 편복(便服) 차림으로 늘 성삼문과 이개에게 대가(大駕) 앞에서 고문(顧問)에 응하게 하니, 당시에 영광으로 여겼다.

○ 일찍이 북경에 갔었는데 어떤 사람이 백로(白鷺) 그림에 넣을 시를 써 달라고 청하여서, 공이 건성으로 부르기를,

흰 눈으로 옷을 만들고 옥으로 발을 만드니 / 雪作衣裳玉作趾
갈대 숲 물가에서 고기 노리기 몇 번이런고 / 窺魚蘆渚幾多時

하였다. 그리고 나서 그림을 내 보이는데, 수묵(水墨)으로 그린 그림이었다. 이어 아랫 구절을 채워서 이르기를,

산음 고을 우연히 지나다가 / 偶然飛過山陰野
왕희지가 벼루 씻던 못(池)에 잘못하여 떨어졌네 / 誤落羲之洗硯池

하였다. 패관잡기
○ 북경에 가는 길에 백이(伯夷)·숙제(叔齊)의 사당에 쓰기를,

말머리를 잡고 두드리며, 그르다고 말한 것은 / 當年叩馬敢言非
대의가 당당하여 일월같이 빛났긴만 / 人義堂堂日月輝
풀나무도 주 나라의 비와 이슬에 자랐는데 / 草木亦霑周雨露
부끄럽다, 그대 어찌 수양산 고사리는 먹었는고 / 愧君猶食首陽薇

하였다. 중국 사람들이 보고 충절이 있는 사람인줄 알았다 한다.

○ 일찍이 단가(短歌)를 짓기를, "이 몸이 죽어 가서 무엇이 될고 하니, 봉래산(蓬萊山) 제일봉(第一峰)에 낙락(落落) 장송(長松)되어 있어, 백설(白雪)이 만건곤(滿乾坤)할제 독야청청(獨也靑靑)하리라.[이몸이 죽어가서 무어시될고 ᄒᆞ니 蓬萊山第一峯의 落落長松되여읻서 白雪이 滿乾坤홀제 獨也靑靑 ᄒᆞ리라]" 하였다.

○ 아들 다섯이 있었는데, 맏아들이 원(元)이다. 그 아내가 관비가 되었으나, 절개를 지켰다. 《추강집》

○ 명 나라 급사(給事) 장녕(張寧)이 시강(侍講) 예겸(倪謙)문희(文僖)에게 배웠는데, 예겸보다 십 년 뒤에 사신으로 우리나라에 나왔다. 그때에 나이 24세였는데, 성삼문 등이 없다는 말을 듣고는 탄식하며 의아하게 여겨 말하기를, "우리 스승 예시강(倪侍講)이 동국에 재사가 많다고 말하였는데, 어찌 눈앞에 한 사람도 보이지 않는가" 하며, 이 때문에 시의 수창(酬唱)에 뜻이 없었다. 장녕이 지은 〈예양론(豫讓論)〉을 혹자는 의심하기를, "의도가 있어서 지은 것이 아닌가" 하였다 한다. 《지봉유설(芝峰類說)》

○ 중종조에 박호(朴壕)가 과거에 올라 육품관이 되었다가, 곧 정언을 제수받았는데, 대사간으로 있는 조(趙)라는 성을 가진 자가 반론하기를, "역신의 후손이 간관(諫官)이 될 수 없다."고 논박하여 체직(遞職)시키자, 조(趙)의 동배(同輩)들이 책하기를, "네가 감히 명신의 후손을 탄핵하고 논박하니,이렇게 무식하고서야 어떻게 그대로 간관의 자리에 있을 수 있는가" 하였다. 조가 곧

병을 핑계하여 체직되고, 박이 도로 청반(淸班)에 올라 이조 판서까지 되었다 한다. 《월정만필(月汀漫筆)》

○ 현종(顯宗) 임자년(1672)에 호조 아전[戶曹吏] 엄의룡(嚴義龍)이 우연히 인왕산(仁王山) 비탈 무너진 곳에서 자기 그릇을 발견하였는데, 그 속에는 밤나무 신주 세 개가 있었다. 하나는 고(故) 승지 성삼문의 것이요, 둘은 성삼문의 외손 참찬 박호(朴壕) 부부의 것이었다. 성 승지의 신주는, 겉면(面)에는 성삼문(成三問) 무술생이라고 쓰고, 신주의 감중(坎中)에도 또 그와 같았다. 엄의룡이 놀랍고 이상하여 달려와 여러 사대부에게 고하더니 이에 벼슬아치와 선비들이 모두 앞을 다투어 몰려가서 배례를 하고 신여(神輿)에 담아 떠메고 와서 임시로 공의 외후손인 진사 엄찬(嚴纘)의 집에 봉안하고, 곧 홍주에 사는 외후손들에게 기별하니 와서 받들고 남쪽으로 돌아갔는데, 홍주 노은골에 아직도 공의 옛 생가가 남아있기 때문이었다.

그때의 경기 감사는 김우형(金宇亨)이었는데, 연로(沿路)의 관원을 시켜 호송하게 하였다. 각 고을 수령들이 영송함에 정성을 다하지 않는 이가 없고, 혹은 제수를 갖추어 제사지내는 이도 있었다. 서울과 지방의 선비들이 이로 말미암아 감동하여 구택 옆에 사당을 세우고 거사 당시의 동지였던 다섯 분을 아울러 향사하기로 하고, 병진 여름에 녹운서원(綠雲書院)을 세웠다. 공이 순절한 뒤에 부인 김씨가 자기 손으로 신주를 써서 종에게 부탁

하여 봉사하다가, 김씨가 죽은 뒤에 신주가 외손 박호에게로 돌아갔었는데, 박호 또한 자손이 없으므로 인왕산 기슭에 자기 집 신주와 함께 묻었다. 이백여 년 뒤에 이런 일이 있었으니, 참으로 이상한 일이다. 《장릉지》

이개(李塏)

이개는, 자는 백고(伯高) 또는 청보(淸甫)이며, 본관은 한산(韓山)이니, 목은(牧隱) 색(穡)의 증손이요, 종선(種善)의 손자이다. 나서부터 문장에 능하였다. 세종 병진에 문과에 오르고 정묘 중시(重試)에 뽑혀 직제학까지 지내다가 병자년(1456)에 죽었다. 시호는 충간공(忠簡公)이요, 영조 무인년(1758)에 이조 판서를 추증했다.

○ 시와 문이 맑고 절묘하여 세상에서 중하게 여겼다. 《동각잡기》

○ 세조가 잠저(潛邸)에 있을 때에, 개의 숙부 계전(季甸)이 세조와 대단히 친밀하여 출입하므로, 개가 경계하였다. 병자년에 일이 발각되매, 세조가 말하기를, "일찍이 개가 그런 말을 하였다는 것을 듣고, 마음에 바보스럽게 여겼더니, 과연 비상한 뜻이 있어서 그런 것이었구나" 하였다. 《동각잡기》

○ 몸이 여위고 가냘퍼서 옷도 이기지 못할 것같이 보였는데, 엄한 형신에도 얼굴빛이 변하지 않으니, 보는 자가 모두 감탄하였다. 《추강집》

○ 단가를 짓기를, "까마귀 눈비 맞아 희난 듯 검노매라, 야광 명월이 밤인들 어두우랴. 임 향한 일편 단심이야 변할 줄이 있으랴.[가마귀눈비마자희난듯검노미라 夜光明月이 밤인들 어두우랴 님向혼 一片丹心이야 變홀줄이잇시랴]" 하였다.

○ 공이 직제학으로 있을 때에, 박사 성 간(成侃)과 집현전에서 연구(聯句)를 지었는데,

옥당에 봄은 따뜻하고 날은 길어지기 시작하였는데 / 玉堂春暖日初遲

졸며 남창에 의지하여 백치(白痴)를 기른다 / 睡倚南窓養白癡

우는 두어 마리 새의 소리는 낮 꿈을 놀래게 하고 / 啼鳥數聲驚午夢

살구꽃의 아리따운 웃음은, 새 시에 들어온다 / 杏花嬌笑入新詩

하였다. 성간이 차운(次韻)하기를,

어린 제비와 우는 비둘기 낮 시간이 더딘데 / 乳燕鳴鳩晝刻遲

봄이 찬 연못에는 버들이 어리석은 것 같구나 / 春寒太液柳如癡

집현전에서 졸음을 파하매, 바쁜 일이 없어서 / 鑾坡睡罷無餘事

때로 종이를 펼치고 작은 시를 쓴다 / 時展蠻牋寫小詩

하였다. 《용재총화》

○ 성간이 일찍이 그 형 성임(成任)에게 말하기를, "꿈에 이백고(李伯高)가 용이 되었다. 내가 붙들고 날아서 강을 건너는데, 떨어질까 두려워하였더니, 용이 돌아보며 말하기를, '내 뿔만 굳게 잡으라' 하였다"고 하였다. 임(任)이 말하기를, "백고는 당시 명망이 높고 일찍이 중시(重試)에 뽑혔는데, 자네가 그 뿔을 붙잡았으니, 반드시 중시 장원에 뽑힐 것이라" 하였다. 얼마 안되어, 공이 죽임을 당하고 간도 또한 병으로 죽었다. 《용재총화》

○ 총화에는 모두 공을 백고로 일컬었는데, 상촌집(象村集)에 끌어서(引用) 변명하기를, "백고는 청보의 또 하나의 자(字)인가보다" 하였는데, 지금 상고하건대, 《노릉지(魯陵誌)》에 《추강집(秋江集)》에 있는 본전(本傳)을 인용하여 청보라 하지 않고 백고라고 하였으니, 상촌이 《추강집》을 보지 못하고 이런 논란을 한 것이 아닌가.

하위지(河緯地)

하위지는, 자는 천장(天章) 또는 중장(仲章)이며, 호는 단계(丹溪)요, 본관은 진주(晉州)이다. 세종 무오년(1438)에 문과에 자원하였고, 병자년(1456)에 예조참판으로 죽었다. 시호는 충렬공(忠烈公)이다.

○ 공의 사람됨이 침착하고, 조용하고 말수가 적어, 말을 함에 버

릴 것이 없으며, 공손하고 예(禮)에 밝아, 대궐을 지날 때에는 반드시 말에서 내리고, 비가 와서 땅이 질더라도 한번도 통행이 금지된 길로 가지 않았다. 항상 집현전에서 임금을 모시고 경연에서 강의하여, 보정(補正)한 사항이 많았다. 《추강집》

○ 천순(天順)황제가 북쪽 오랑캐에게 잡혔을 때에, 공이 일찍이 감개하여 말하기를, "천자가 몽진(蒙塵)한 것은 천하가 다같이 분하게 여기는 바이다. 우리들이 비록 해외의 배신(陪臣)이지만, 어찌 황제의 고생을 생각하지 않을 수 있는가" 하고, 매양 바깥 사랑에 거처하고 침실에 들어가지 않았다. 공의 뜻과 행실이 이와 같으니, 능히 충의로 순국할 것을 알 수 있었다. 《무인기문(戊寅記聞)》

○ 문종이 승하하자, 벼슬을 버리고 시골로 돌아갔다. 단종이 왕위를 이으니, 인심이 위태롭게 여기고 의심하였다. 박팽년이 일찍이 공에게 도롱이를 빌렸는데, 공이 시로 답하기를,

남아의 득실이 예나 지금이나 같도다 / 男兒得失古猶今
머리 위에는 분명히 백일이 임하여 있네 / 頭上分明白日臨
도롱이를 주는 것이 아마도 뜻이 있으리니 / 持贈蓑衣應有意
오호(五湖)의 연우(煙雨)에 좋게 서로 찾으리 / 五湖煙雨好相尋

하였는데, 대개 시사(時事)를 슬퍼함이었다. 《추강집》《동각잡기》

○ 세조가 김종서를 죽이고 영의정이 되매, 공이 조복(朝服)을 다 팔아버리고, 전 사간(前司諫)으로 선산(善山)으로 퇴거하였다. 세조가 임금께 아뢰어 좌사간(左司諫)으로 불렀으나, 글을 올려 사양하고 나오지 않았다. 을해에 세조가 선위를 받으매, 교서를 내리어 간곡히 불렀다. 공이 부름에 응하매 예조 참판을 제수하였으나, 녹 먹기를 부끄러워하여 을해 이후의 녹은 따로 한방에 쌓아 두고 먹지 않았다. 《추강집》

남 추강(南秋江)의 《육신전》은 전해들은 말을 기록하였기 때문에 오류를 면치 못하였다. 유성룡(柳成龍)이 승지로 승정원에 있을 때에 《노산조일기(魯山朝日記)》를 보았는데, 계유 봄에 《역대병요(歷代兵要)》가 편찬되자, 공에게 편찬에 참가한 공로로 상을 주었더니, 극력 사양하였다. 자세한 사항은 《추강집》에 보인다. 집의로 직제학이 되었다가 이어 병으로 휴가를 신청하여, 영산(靈山) 온천에 목욕한다고 하고서 시골로 내려갔다. 그해 10월에, 세조가 정난(靖難)하자 임금께 아뢰기를, "지난번 하위지가 면대를 청하였을 때에 김종서가 못하게 하였으니, 이것도 또한 간신이 임금의 총명을 가린 것과 같습니다. 위지를 다시 불러 쓰기를 청합니다" 하였다. 이에 드디어 좌사간에 임명하자, 공이 상소하였다. 추강이 기록하기를, "계유 10월에 공이 조복을 팔고 전 사간으로 선산에 퇴거하였다" 하였고, 또 말하기를, "세조가 선위를 받고, 불러서 나아가니, 예조 참판을 제수하고 심히 총

애하였다" 하였는데, 공이 선산으로 물러갔다는 것은 그럴듯하나, 그가 벼슬에 나왔다는 것은 사실과 다른 듯하다. 아마도 공이 상소한 뒤에 얼마 안되어 조정에 돌아오기는 하였으나, 이때에는 노산이 아직 왕위에 있었던 듯 하다. 《서애집》

○ 단종 즉위 초에 공이 병을 칭탁하고 시골로 내려가 있는 중 김종서 등이 피살되매, 조정에 돌아올 뜻이 없었다가, 세조가 선위를 받고 부르므로 나와 예조 참판이 된 것은, 그 뜻이 다른 데 있었던 것이다. 《여헌집(旅軒集)》〈묘갈(墓碣)〉

○ 세조가 그 재주를 사랑하여 공이 형신을 받을 때에 비밀히 달래기를, "네가 만일 음모에 참가한 사실을 숨기면 면할 수 있다" 하였더니, 공이 웃고 답하지 않았다. 세종이 배양한 인재 중에 공을 으뜸으로 쳤다 한다. 《동각잡기》

○ 공은 선산부 영봉리(迎鳳里)에서 생장하였는데, 어렸을 때에 작은 서재를 짓고 형제와 더불어 문을 닫고 글을 읽어서, 사람들이 그 얼굴을 보지 못하였다. 묘가 선산부 서쪽 고방산(古方山)에 있는데, 부인 김씨와 합장(合葬)하였다. 〈묘갈(墓碣)〉

○ 공의 처자가 일선(一善 선산(善山))에 있었는데, 금부 도사가 그 아들들을 잡으러 왔다. 공은 두 아들이 있었는데 장자는 호(琥)요, 차자는 박(珀)이었다. 《동학사 초혼기(東鶴寺招魂記)》에는 연(璉)·반(班)이라 기록되었다. 박은 나이 이십밖에 되지 않았지만 조금도 두려운 빛이 없이 도사에게 말하기를, "원컨대, 조

금만 늦추어 주시오, 어머니에게 고할 말이 있소" 하였다. 도사가 허락하매, 박이 문안에 들어가 꿇어앉아 어머니께 고하기를, "죽는 것은 어렵지 않습니다. 아버지가 이미 죽었으니, 자식이 어찌 홀로 살겠습니까? 비록 조정의 명령이 없더라도 자결하여야 합니다. 다만 누이동생이 장차 출가할 나이가 되었으니, 천한 종이 되더라도 부인의 의리로 마땅히 한 사람을 따를 것이요, 개와 돼지 같은 행실은 하지 말아야 합니다" 하고 드디어 재배하고 나와서 조용히 죽으니, 사람들이 모두 과연 공의 아들이라고 말하였다.《송와잡기(松窩雜記)》

유성원(柳誠源)

유성원은, 자는 태초(太初)이며, 본관은 문화(文化)요, 사인(舍人) 사근(士根)의 아들이다. 세종 무오년(1438)에 문과에 오르고, 정묘년(1447)에 중시에 뽑혔다. 병자에 사예(司藝)로서 목을 찔러 자결하였다. 시호는 충경공(忠景公)이다.

○ 세종조에《송사(宋史)》가 우리나라에 아직 오지 않았으므로, 세종이 여러 번 명 나라에 청하였다. 하루는 집현전의 여러 학사들이 송 나라 조정의 인물을 논하다가 누군가가 말하기를, "왕안석(王安石)이《송사》의 어느 전(傳)에 들었을까?" 하였다. 여러 사람은 "왕안석이 간신전에 들어야 한다" 하였다. 한두 사람

이 반박하기를, "안석이 신법을 만들어서 천하를 어지럽혔으니, 이것이 진실로 소인이다. 그러나, 문장과 절의가 일컬을 만한 것이 많고, 그 마음을 캐어 보면 오직 나라를 근심하고 백성을 사랑하였을 뿐이다. 그가 천하를 그르친 것은, 다만 오활하고 고집이 셌기 때문이니, 진회(秦檜)와 채경(蔡京)의 무리에 넣을 수는 없고, 열전(列傳)에 넣는 것이 합당하다" 하였더니, 공이 이 의논을 힘써 주장하였다. 얼마 안 되어 송사가 나왔는데, 과연 〈열전〉에 있었다. 공이 기뻐하여 말하기를, "옛적에 《강목(綱目)》이 우리나라에 오지 않았을 때, 익재(益齋) 선생 이제현(李齊賢)이 《자치통감(資治通鑑)》의 《무후기(武后紀)》를 읽다가 탄식하고 시 한 구를 지었는데,

어쩌면 주의 여분을 가져다가 우리 당 나라의 일월을 이었는고[那將周餘月 續我唐日月]"

하였더니, 뒤에 《강목》을 얻어 오니, 주자가 과연 주(周)를 내치고 당을 높였는지라, 익재가 매우 자부하였는데, 아무개를 감히 익재에게 견줄 수는 없지마는, 마땅히 제군의 항복을 받을 만은 하다" 하였다. 《필원잡기》 《명신록》

○ 집현전 남쪽에 큰 버드나무가 있는데, 기사 경오년 간에 흰 까치가 와서 깃들고 새끼가 모두 희었으며, 계유년에는 나무가 홀

연히 다 말랐으므로, 공을 희롱하여 말하기를, "화가 반드시 유(柳)로부터 시작할 것이다" 하더니, 공이 패하고 조금 뒤에 집현전이 혁파되었으니, 그 말이 과연 맞았다. 《필원잡기》

유응부(俞應孚)

유응부는, 본관이 기계(杞溪)이다. 무과에 올랐고, 키가 남보다 크며 용모가 엄장(嚴莊)하고 날래며 활쏘기를 잘하며, 능히 담장을 뛰어넘었다. 세종과 문종이 모두 아끼고 중하게 여겼다. 벼슬이 2품에 이르렀고 병자년에 화를 입었다. 시호는 충목공(忠穆公)이다.

○ 성품이 지극히 효성스러워서 어머니의 마음을 위로할 수 있는 것이라면 무슨 일이든지 하였다. 아우 응신(應信)과 함께 활쏘기와 사냥으로 세상에 이름이 나서 새와 짐승을 만나면 쏘아서 맞추지 못하는 것이 없었다. 집이 가난하여 한 섬 곡식의 저축도 없으나, 어머니를 봉양하는 데는 넉넉히 갖추지 않은 적이 없었다. 어머니가 일찍이 포천(抱川) 농장에 왕래할 때, 형제가 따라 가다가 말 위에서 몸을 돌려 기러기를 쏘매, 활시위 소리와 동시에 떨어지니, 어머니가 크게 기뻐하였다. 《추강집》

○ 공이 일찍이 북병사(北兵使)가 되어서 시를 짓되,

장군이 절(節)을 가지고 와서 국경을 진정시키니 / 將軍持節鎭

夷蠻

변방에 티끌이 없어지고 군사들이 조는도다 / 塞外塵淸士卒眠

해 긴 낮 빈 뜰에서 무엇을 구경하는가 / 晝永空庭何所玩

날랜 매 삼 백 마리 누 앞에 앉았다 / 良鷹三百坐樓前

하였다. 가히 그 기상을 알 수 있다. 《추강집》《명신록(名臣錄)》

○ 일찍이, 단종 복위를 꾀할 때에 공이 여러 사람 가운데에서 주먹을 자랑하며 말하기를, "한명회와 권람을 죽이는 데는 이 주먹이면 족하다. 긴 창과 큰 칼이 필요 없다" 하였다. 《동각잡기》《추강집》

○ 공은 벼슬이 재상의 반열에 있으면서도 거적자리로 방문을 가리고, 먹는 데는 고기 한 점 없었으며, 때로 양식이 떨어졌었다. 죽던 날에 그 부인이 울며 말하기를, "살아서는 평안히 산 적이 없고, 죽을 때는 큰 화를 얻었다" 하니, 길가는 사람이 눈물을 뿌리지 않는 이가 없었다. 관에서 그 가산을 몰수하는데, 방안에는 떨어진 짚자리만이 있었다. 아들은 없고 딸이 둘 있었다. 《동각잡기》《추강집》

태사씨(太史氏)가 말하기를, "누군들 신하가 아니리요마는, 지극하다, 육신(六臣)의 신하 노릇함이여. 누군들 죽지 않으리요마는, 장하다, 육신의 죽음이여. 살아서 임금을 받들 때는 신하된 도리를 다하고, 죽을 때는 임금에게 충성하여 신하의 절개를 세웠다. 충분(忠憤)이 백일을 꿰뚫고, 의기는 가을 서리 보다 늠름하여, 백세 후에 신하된 자로 하여금 한마음으로 임금 섬기는 의리를 알게 하였다. 충절은 천금(千金)이요, 한 몸을 터럭같이 여겨서 몸을 죽여 인을 이루고 목숨을 버려 의를 취하였으니, 군자가 말하기를, '은 나라의 삼인(三仁)과 동국의 육신(六臣)이 행적은 다르나, 도는 같은지라, 이 또한 장하구나.' 하였다.

세조가 정승이 되어서는 공을 주공(周公)에 견주고, 왕위에 나가서는 덕이 우순(虞舜)을 짝하여 높고 크고 넓어서 이름할 수 없으니, 육신이 복종하지 않는다고 세조에게 무슨 누(累)가 되겠는가? 백이(伯夷)가 서산(西山)에 고사리를 캐었으나, 주 무왕의 덕이 떨어지지 않았고, 엄자릉(嚴子陵)이 동강(桐江)에서 고기를 낚았어도, 한 광무(漢光武)의 공이 손상되지 않았다.

슬프다. 육신으로 하여금 금석 같은 단심만을 지키고 강호에 물러가게 하였더라면, 상왕(上王)의 수명도 연장할 수 있었고, 세조의 덕이 더욱 빛났을 것인데, 불행히도 분격한 마음으로 큰 화에 빠졌도다. 공경히 조사를 지어 가로되,

사나운 기운이 가득한데 / 厲氣初濟
뭇 구멍이 막혔도다 / 衆竅爲塞
서리와 눈이 희게 덮였는데 / 霜雪皎皎
소나무만이 홀로 푸르도다 / 松獨也碧

신하의 머리는 / 有臣之首

임금 위한 마음으로 희었거니 / 愛君而白

그 머리는 끊을 수 있어도 / 有頭可截

굽힐 수 없는 절개로다 / 節不可屈

다른 사람의 곡식은 / 他人之粟

죽을지언정 먹지 않았으니 / 寧死不食

고죽(孤竹)의 맑은 바람이요 / 孤竹淸風

시상(柴桑)의 밝은 달이로다 / 柴桑明月

흙 가운데 귀신이 있으니 / 土中有鬼

원통한 피가 한 움큼이로다 / 寃血一掬

하였다. 《추강집》《육신전》

○ 노량(鷺梁) 남쪽 언덕 길가에 다섯 무덤 [세상에서 전하기를 예전에 여기에서 죄인을 죽였다 한다.]이 있는데, 그 앞에 각각 작은 돌을 세워 표지를 하였다. 가장 남쪽은 박씨의 묘라 하고, 다음 북쪽은 유씨(兪氏)의 묘라 하고, 또 다음 북쪽은 이씨의 묘라 하고, 또 다음 북쪽은 성씨의 묘라 하고, 또 성씨의 묘가 그 뒤 십여보 사이에 있다. 세상에서 전하기를, "어떤 중이 육신의 시체를 져다가 묻었는데 그 중은 김시습(金時習)이라 한다" 하였다. 성씨의 두 묘는 세상에서 전하기를, 성씨 부자의 묘인데, 뒤에 있는 것이 성승(成勝)의 묘라 한다.

○ 일설에는 육신 묘가 다섯 무덤만 있고 하나는 없다 하는데, 하위지의 묘가 선산부 서쪽에 부인의 묘와 같이 있다는 것이 장현광(張顯光)의 기록에 보였으니, 하공은 시골에 반장(返葬)하였기 때문에 그런 것인가?

○ 허봉(許篈)이 말하기를, "부인을 씨(氏)라고 일컫는데, 지금 다섯 묘가 한 곳에 늘어 있으니, 부인이 아닌 것은 분명하다. 남자는 반드시 관직을 일컫는데, 지금 씨(氏)라고만 일컬었으니, 당시의 의사가 오신(五臣)을 여기에 묻어 놓고는 감히 드러내어 새기지 못하고, 이렇게 일컬은 것이 아닌가" 하였다. 지봉(芝峰)이 세 묘만을 일컬어 말하기를, "성삼문·박팽년·유응부의 묘가 틀림없다" 하였다. 임진왜란 뒤에 어떤 사람이 가보니, 비석은 그대로 있는데, 자획이 마모되어 거의 분별할 수가 없었다 하였다.

○ 인조조(仁祖朝)에 장릉(章陵)을 발인(發靷)할 때에 길을 닦는 관원이 다섯 신하 묘인 것을 알지 못하고 무너뜨려서 평평하게 하고 그 앞에 세웠던 돌까지 무너뜨렸는데, 효종(孝宗) 경인에 박팽년의 후손 숭고(崇古)가 다시 분묘를 봉축하고, 그 돌을 세웠다. 《지봉유설》《미수기언》《노릉지》《장릉지》

○ 숭고가 묘를 수축할 때에는 성씨의 한 무덤은 갈(碣)이 없어서 분별할 수 없었다.

영남 일선부(一善府)에 하씨의 묘가 있고, 유씨(柳氏)만은 장사 지낸 곳이 없다. 호서(湖西) 홍주(洪州)에 성씨의 묘가 있고, 충주 덕면리(德面里)에 박씨의 묘가 있다. 성씨는 외손이 있는데 전하기를, "성씨 묘라는 것은 그 한 몸의 한 부분을 묻은 것이다"고 하였다. 《기언》 ○ 숭고는 곧 박팽년의 칠대손이다.

○ 성종조에 김종직(金宗直)이 아뢰기를, "성삼문은 충신입니다" 하니, 성종의 얼굴빛이 변하였다. 종직이 천천히 말하기를, "만일 변이 있으면, 신은 마땅히 성삼문이 되겠습니다" 하니, 성종의 얼굴빛이 밝아졌다. 《석담일기(石潭日記)》《장릉지》

○ 인종조에 경연관 한주(韓澍)가 아뢰기를, "세조가 박팽년 등을 마음으로는 가상히 여기나, 위태롭게 의심하는 시기에 죄를 주지 않을 수 없으므로 일찍이 하교하기를 '너희들은 당대에는 난신이요, 후세에는 충신이라' 하였으니, 후세에 그 자취가 없어질까 두려워서 이 말씀을 하여서 자손을 깨우쳐 주신 것입니다"라고 하였다. 《동각잡기》《노릉지》

○ 선조 병자에 박계현(朴啓賢)이 경연(經筵)에서 박팽년과 성삼문의 충성을 논하여 말하기를, "《육신전》은 남효온(南孝溫)이 저술한 것인데, 전하께서 취하여 보시면, 그 자세한 사항을 아실 것입니다" 하였다.

선조가 육신전을 가져다 보고 놀랍고 분하여 이르기를, "지금 소위 《육신전》이라는 것을 보니, 극히 해괴하여 춥지 않아도 소름이 끼친다. 옛적에 우리 세조께서 천명을 받아 중흥하여, 하늘이 주고 백성이 귀의하였는데, 예부터 천명을 받아 왕위에 오르는 것은 하늘이 명한 것이요, 인력으로 할 수 없는 것이다.

저 남효온이란 자는 감히 사사로이 문묵(文墨)을 희롱하고 요망한 혀끝을 놀려서 국사를 폭로하였으니, 심히 패악하고 부도하여 그 죄는 붓으로 이루 다 쓸 수 없다. 이 자는 아조(我朝)의 죄인이다. 옛적에 최호(崔浩)가 국사를 폭로한 죄로 처벌을 받았으니, 이 사람이 만일 살아 있다면, 내가 반드시 엄하게 국문하여 치죄할 것이다. 저 육신이 충신이라면, 왜 선위를 받던 날에 쾌히 죽어서 인신의 절개를 바치지 못하였는가? 만일 그리하지 못했다면, 왜 도망하여 서산에서 고사리를 캐지 못하였는가. 이미 세조를 신하로서 섬겨놓고 또 임금을 해치기를 몰래 도모하는 것은 옛날 예양(豫讓)이 깊이 부끄럽게 여긴 것이다.

저 육신이란 자들이 우리 조정에 무릎을 꿇고서 자객의 음모를 하여, 만에 하나 요행을 바라다가 일이 실패한 뒤에 의사로 자처하였으니, 마음이나 행동에서 낭패했다고 할 수 있으니 열장부(烈丈夫)가 될 수 있겠는가? 혹자는 말하기를, '헛되게 죽는 것이 공을 세우는 것만 못하고, 이름을 없애는 것이 덕으로 갚는 것만 못하다' 하는데, 성삼문 등의 마음이 잠시라도 그 임금[단종]에게 있지 않음이 없으면서 일부러 세조의 조정에 신하 노릇하여 장차 다른 날에 성공을 기약하였다. 어찌 못난 사람들처럼 스스로 개천에 목매어 죽어서 아는 이가 없게 하리오 했다면 이는 옳지 못한 처사이다.

만일 성공하는 것만 귀하게 여기고, 원수에게 신하 노릇 하는 것을 부끄러워하지 않는다면, 백이·숙제(伯夷叔齊)와 삼인(三仁)이 반드시 꾀하여 주 나라에 신하 노릇하면서 은(殷) 나라의 흥복을 도모하였을 것이다. 이것으로 본다면, 이 무리가 그 임금에게 충성을 다하지 못하였을 뿐만 아니라, 후세에 모범이 될 수 없다.

그러므로, 내가 이제 그들의 옳지 못함을 드러내어 의논한다. 이 글은 오늘날 신자(臣子)가 볼 것이 못되니, 내가 모두 거둬다가 불사르려 한다. 만일, 이 책에 있는 말을 이야기하는 자가 있으면, 또한 엄중히 다스리려 한다" 하였다.

삼공이 답하기를, "이 책이 민간에도 드물고 연대가 오래되어 없어졌는데 만일 수색하는 거조를 내린다면, 반드시 큰 소란만 일어나고, 이익은 없을 것입니다" 하였다. 영상 홍섬(洪暹)이 입시하여 육신의 충성을 극진히 말하였는데, 언사가 지극히 간절하여 신하들 중에 눈물을 흘리는 이가 많았다. 선조가 이에 감동하여 깨달아서 그만두었다. 《석담일기》《장릉지》

삼가 상고하건대, 육신은 참으로 충절의 선비라는 사실은 지금에 와서 말할 바가 아니요, 《춘추(春秋)》에, "나라를 위하여 악한 것을 숨기는 것도 또한 고금을 통한 의리라" 하였거늘 박계현이 경솔하게 때아닌 의논을 내 놓아 주상께서 잘못된 거조가 있을 뻔 하였으니, 어리석어 일을 알지 못하는 자라 하겠다. 애

석하게도 모신 신하들 중에, 김종직이 성종께 대답한 말을 임금 앞에서 아뢴 자가 없었다. 《동각잡기》《노릉지》

○ 효종 3년 임진년(1652)에 태학생 조경(趙絅)이 구언(求言)에 응하여 상소를 올렸는데 그 대략에, "국가가 정몽주(鄭夢周)의 무리에게는 모두 아름다운 시호를 주고 박팽년·성삼문 등에게는 정려(旌閭)하는 은전(恩典)이 미치지 못하였습니다. 명 나라 문황(文皇)이 방효유(方孝孺), 연자녕(練子寧)들의 삼족(三族)을 멸하고서도, 마침내 말하기를, '자녕이 있으면 짐이 마땅히 쓰겠다' 하였고, 만력(萬曆) 초에 이르러 혁제(革除)할 때에 죄를 진 여러 신하들의 분묘에 유사(有司)를 시켜 제사지내고, 후손들을 후하게 구하고 등용하여 충절을 표창하고 장려하였는데, 우리 선조 대왕께서 들으시고 크게 기뻐하여 교서를 내리어 육신의 후손을 등용하였으니, 전에 없는 넓은 은전(恩典)이 신종(神宗)과 일치하였습니다.

다만 한스러운 것은 당시의 조정 신하들이 그들의 사당과 분묘에 충절을 표창하여, 선조 대왕의 뜻을 확장시켜 행하지 못한 것입니다. 듣건대, 성삼문의 홍주(洪州) 옛 집이 아직도 무너지지 않았다 하니, 만일 전하께서 은혜를 내리시어 옛날 주 무왕(周武王)이 상용(商容)의 마을을 표(表)한 것같이 하시면 지하의 썩은 뼈를 위로하는 것 뿐 아니라, 실로 선왕이 남겨주신 가르침을 준수하고 드러내어 후세에 신하가 되어서 두 마음을 품는

자를 부끄럽게 할 것입니다." 하였다. 《조야기문》《장릉지》

○ 효종(孝宗) 8년 정유년(1657)에 찬선(贊善) 송준길(宋浚吉)이 아뢰기를, "명 나라의 방효유는 실상 일대의 죄인이요, 만고의 충신이라, 수년이 못되어 그 문집을 간행하고 전사(專祠)를 지어 제사 지내는 것을 허락하였으니, 중국 조정의 규모와 기상이 관대하고 심원합니다. 우리나라의 성삼문과 박팽년의 무리는 실로 방효유의 짝입니다. 일찍이 성삼문은 연산(連山)에 살았고, 박팽년은 회덕(懷德)에 살았는데, 연산과 회덕에 모두 유현(儒賢)의 사당이 있으므로, 학자들이 두 사람을 함께 향사하기를 원하였는데, 이것이 중국의 전사에 비교할 것은 아닌데, 이것도 감히 못하옵니다. 전하께서 명 나라의 전례에 의거하여 특별히 허락하여 주시어 한 지방사람들의 소원에 맞게 하여 주소서" 하였다. 효종이 대신에게 의논하라고 명하였으나, 의논이 일치되지 않아서, 행하지 못하였다. 《육신유고(六臣遺稿)》《장릉지》

○ 숙종(肅宗) 5년 기미년(1679) 에 노량에 행차하여 군사를 사열할 때에, 영부사 허적(許積)이 아뢰기를, "이 강 건너편에 성삼문 등 육신의 묘가 있는데, 지금 듣건대, 그 무덤이 모두 무너져서 평토가 되었다 합니다. 세조조에 역률(逆律)로 논하였지마는, 일찍이 선조조에 신하가 각각 제 임금을 위한 행동이라 하여 그 자손을 등용하였으나, 이번에 가까운 곳에 행차하신 때를 계기로 만일 그들의 무덤을 봉식(封植)하는 특전을 내리시면, 실로

절의를 포창하고 장려하는 도리가 빛이 날 것입니다." 하니, 숙종이 이르기를, "선조(先朝)에서 이미 자손을 등용하는 처사가 있었으니 해조(該曹)로 하여금 특별히 그 무덤을 봉식하는 것이 가하다" 하였다. 《장릉지》

○ 숙종 6년 경인에 강화 유수(江華留守) 이선(李選)이 상소하여, 육신 및 황보인, 김종서의 원통함을 논하여 말하기를, "저 여러 신하들은 천명이 이미 구주(舊主 단종(端宗))에게 끊어지고 운명이 이미 진인(眞人)에게로 돌아간 것을 어찌 알지 못했겠습니까. 그런데도 끝끝내 본래의 뜻을 지키어 죽음에 이르러도 뉘우치지 않는 것은 각각 제 임금을 위하는 데 지나지 않습니다.

세조께서 위태롭고 의심스러운 시절을 만나 그들을 베었지마는 실로 그들의 지조를 가상하게 여겼으므로, 당시에 말씀하시기를, '삼문 등은 오늘의 난신이요, 후세에는 충신이라.' 하였고, 또 훈사(訓辭)를 지어 예종(睿宗)에게 보이기를, '나는 둔(屯)한 때를 만났고 너는 태(泰)한 때를 만났으니, 일은 때를 따라 변하는 것이다. 만일 나의 한 일에 구애되어 변통할 줄을 알지 못하면, 이른 바 둥근 구멍에 네모진 물건을 끼우는 것이다' 하였고, 세조가 병환이 있으실 때를 당하여, 예종이 정무에 참여하여 결재하는데, 첫째로 명하여 계유 병자에 죄를 입은 사람에 연좌된 이백여 인을 모두 방면하였으니, 이러한 은전이 이미 세조가 계신 때에 행해졌습니다.

선조의 유신 송준길(宋浚吉)이 성삼문 등의 일을 진달하였는데, 선왕께서 심히 칭찬하시기를, "성삼문 등은 방효유(方孝孺)의 무리라 하셨으니, 열성조의 남겨주신 뜻을 이어서 여러 신하의 죄명을 씻는 것은 전하께서 선대의 뜻을 계술(繼述)하기에 달려 있지 않겠습니까" 하였다. 숙종이 답하기를, "육신의 일은 내가 알지 못하는 것은 아니다. 다만 열성조에서 죄를 용서하지 않았으니, 분묘를 봉식하거나 선비들이 존묘(尊墓)하는 것만 금지하지 않을 뿐이요, 이 밖에 따로 은전을 가하기는 어렵다" 하였다. 《국조보감》

○ 숙종 7년 신유년(1681)에 과천(果川) 유림이 통문(通文)을 내어 관학(館學)에 고하고, 노량강 남쪽 언덕에 육신의 사원(祠院)을 처음으로 세웠다. 구월에 상량하는데, 대제학 이민서(李敏敍)가 상량문을 짓고 영부사 남구만(南九萬)이 봉안하는 제문을 지었다. ○《장릉지》

○ 숙종 17년 신미 9월에, 능에 거둥할 때에 노량진을 건너다가 육신 묘를 보고 특별히 관원을 보내어 치제하였다. 판부사 김덕원(金德遠)이 아뢰기를, "육신묘가 비록 예로부터 전설은 있으나, 아직도 명백한 증거가 없습니다. 그러므로, 박팽년의 후손인 고(故) 군수(郡守) 숭고(崇古)가 표석을 고쳐 세워서, 의심스러운 그대로 전할 뿐이요, 감히 분명히 조상의 분묘라고 말하지 못하여, 한 번도 제사를 무덤 앞에서 행하지 않았는데, 나라에서 이

제 갑자기 행하면 사체가 온당치 못합니다. 노량 가에 육신의 사우(祠宇)가 있으니, 여기에서 치제하는 것이 어떠할까 합니다" 하였고, 도승지 목창명(睦昌明)은 말하기를, "육신이 일찍이 복관(復官)된 일이 없으니, 나라에서 치제한다면, 제문에 어떻게 써야 합니까" 하였다.

  숙종이 이르기를, "육신의 절의가 방효유(方孝孺)의 무리와 다름이 없는데, 어찌 지금까지 복관을 하지 않았는가?" 하였으며, 덕원이 아뢰기를, "방효유 등 여러 사람들은 두어 대 후에 모두 증직하고 시호를 내려주었는데, 우리나라에서는 중국과 같이 관대하지 못하여, 밑에 있는 신하들이 감히 청하지 못하였습니다. 위에서 특별히 명하시면, 무엇이 불가 하오리까." 하였다.

  숙종이 이르기를, "내 뜻은 다만 그 절의를 가장(嘉獎)하고자 하는 것이니, 육신을 특별히 복관하고, 그 사우도 사액(賜額)하고, 치제하게 하는 것이 가하다" 하였다. 목창명이 아뢰기를, "열성조에서 행하지 않은 일을 경솔히 의논하기 어려우니, 대신과 지방에 있는 유신(儒臣)에게 물어서 처리하는 것이 어떠합니까?" 하였다. 숙종이 그렇게 하는 것이 가하다고 허락하였다. '체제는 아직 천천히 하라' 하였다.《장릉지》

○ 이에 진사 한종석(韓宗奭) 등이 소를 올렸는데, 경연에 참여하는 신하들이 곧 임금의 뜻을 받들어 행하지 못하여 숭장(崇獎)의 은전을 속히 베풀지 못하게 한 것을 공박하고, 이어서 복관(復官)

・사액・치제를 빨리 거행하여 육신을 포숭(褒崇)하고 격려하기를 청하니, 답하기를, "내가 마땅히 헤아려서 분부하겠다." 하였다.

숙종이 대신들을 인견할 때에 영상 권대운(權大運)이 아뢰기를, "지난번에 이 일로써 고(故) 상신(相臣) 허목(許穆)에게 물은 사람이 있었는데 허목이 답하기를, "매우 불가하다. 신하는 임금을 위하여 숨기고, 자식은 아비를 위하여 숨기는 것이 만세에 바뀌지 않는 정론이라고 하였습니다" 하였고, 좌상 목래선(睦來善)은 아뢰기를, "열성조에서 행하지 않은 것은, 아마도 뜻한 바가 있는 것 같고, 선배의 의논도 또한 여러 갈래이니, 경솔히 의논하기 어려운 점이 있습니다" 하였고, 우참찬 유명천(柳命天)은 아뢰기를, "그 자손을 등용하고 사우(祠宇) 세우는 것을 금하지 않았으니, 육신을 대접하는 도리가 지극하다 하겠으니, 복관의 일에 이르러서는 실상 거리낄 일이 없습니다." 하였고, 병판 민종도(閔宗道)는 아뢰기를, "제왕가의 일은 필부(匹夫)와 다르니, 오늘날 만일 포창의 거조가 있으면, 사방이 그 소문을 듣고 반드시 흠앙하여 마지않을 터인데, 어찌 시비가 있겠습니까?" 하였고, 형판 윤이제(尹以濟)는 아뢰기를, "열성조에서 행하지 않은 것을 가벼이 논의하기 어려울 것 같습니다." 하였고, 이판 유명현(柳命賢)은 아뢰기를, "육신의 일은 사람마다 그들의 지조를 슬프고 불쌍하게 여기지 않는 이가 없습니다. 전하의 행차가 지나시는 즈음에 이미 느끼신 바가 있을 것이니, 반드시 한 번 치제하시옵소서" 하였고, 부제학 권해(權瑎)는 아뢰기를, "육신의 충절은 만고에 빛나는데, 세조가 말씀하시기를 당세의 난신이라고 한 것은 후세로 하여금 포창하지 말라는 것이 아닙니다. 지금 포창하는 은전이 전하의 마음으로써 결정되었으니, 참으로 거룩하신 일입니다" 하였고, 교리 이동표(李東標)는 아뢰기를, "여러 신하들의 신중한 의논은 육신의 절의를 높일 것이 없다고 여긴 것이 아닙니다. 뜻은 있습니다. 세조께서 난신으로 베고는 충의로 포창하였더라면 어찌 천고의 거룩한 일이 아니겠습니까. 그때와는 조금 다르나, 전하께서 그 절의를 포창하고자 한다 하였으니, 지금 자기 임금에게 마음을 다한 사람들을 포창하는 일에 대하여 신은 불가하다고 생각하지 않습니다. 제왕가의 일은 선조(先朝)에 득죄한 자도 후에 추장(追奬)하는 일이 많은데, 오늘 전하의 말씀은 매우 훌륭하니, 신하들이 받들어 거행하는 데에 무엇이 불가하겠습니까?" 하였다.

숙종이 이르기를, "모든 신하들의 갑논을박이 각각 견해가 있어, 그러할 것이나 방효유의 빛나는 충절을 이미 성조가 인정하였고, 그 뒤에 시호를 준 것이 또한 관대한 은전에서 나왔으며, 세조께서 그들에 대하여 당세의 난신이요, 후세의 충신이라"고 한 말씀은, 그들을 가상히 여기시는 뜻을 알 수 있는 것이다. 춘추에 어버이를 위하여 숨기는 의리를 내가 알지 못함이 아니나,

제왕가의 일은 필부와 다르므로, 다만 그 절의를 포창하고 후인을 격려하고자 함이니, 오늘의 이 일이 무엇이 불가하겠는가? 또 제문의 문자에 꺼리고 구애받음이 있다는 논의에 대하여는 지금 포창하려는 것은 오직 절의를 가상히 여기는 데 있으니, 제문을 지을 때에 무슨 거리낄 것이 있겠는가? 그러나, 논의가 일치하지 않아 도리에 신중해야 하며 용이하게 처리할 수 없으니, 예랑(禮郞)을 시켜 지방에 있는 유신에게 물으라" 하였다.

○ 진사 민언심(閔彦諶)이 상소하여 청하기를, "급히 쾌한 결단을 내리시어 거듭 치제 · 복관 · 사액의 명령을 내리시옵소서." 하였다. 숙종이 답하여 이르기를, "이 일은 내가 본래 마음속으로 생각하고 있는 바가 있었으나, 다만 도리(道理)에 신중하게 해야 하기에 널리 물어서 재량하여 처리하는 것이 옳다고 생각했다." 하였다.

○ 이조 참판 이현일(李玄逸) 지방에 있는 유신 의 논의의 대략에, "세조가 천명과 인심에 핍박되어 부득이 단종에게서 전위를 받았는데, 저 육신들이 자기가 섬기던 임금[端宗]에게 마음을 한결같이 하여 절개를 지켜 항거하고 충성을 다하여 그 마음을 변하지 않았으니, 백이(伯夷)가 무왕(武王)을 그르게 여기는 마음입니다. 그 일은, 주의 한통(韓通) · 명의 경청(景淸) · 고려의 정몽주와 같습니다. 대개 백이가 무왕을 그르게 여겼지만 공자가 가로되, '백이는 인(仁)을 구하여 인을 얻었다' 하였으

니, 백이를 칭송한 까닭으로 해서 무왕에게 해되는 것이 있겠습니까.

한통이 주(周)에 충성을 바쳐 죽었는데, 송 태조가 후하게 추증하였고, 경청과 정몽주가 섬기던 임금에게 절개를 다하였는데, 명 나라 선종(宣宗)과 우리 태종이 복관도 명하고, 포증(褒贈)도 명하였으니, 모두 절의를 숭장하여 후세 신하의 충의를 권한 것입니다.

하물며 세조가 육신을 후세의 충신이라고 한 말씀이 실상 송 태조가 한통을 추중한 뜻과 같고, 또 은미한 뜻을 후세 자손에게 보인 것이니, 지금 이 일은 실로 선왕의 뜻을 잘 이어 받들어 실행하는 것입니다. 또 어찌 털끝만한 거리낌이 있겠습니까.

만일 지금 어름어름 선대의 일을 숨기려고 하면 도리어 세조가 천명(天命)에 응하고 인심을 순히 한 거사에 누가 되고, 선조의 너그럽고 넓은 도량을 드러내는 것이 아닙니다." 하였다.
《장릉지(莊陵誌)》

12월에 특명으로 육신의 관작을 회복하여, 민절사(愍節祠)라 사액(賜額)하고 관원을 보내어 치제하였다. 《국조보감》

○ 또 명하여 성삼문의 아버지 성승의 벼슬을 회복하고 연산(連山)에 있는 성씨의 밭과 노비를 도로 내어 주었다. 전교하기를, "대개 국가가 먼저 힘쓸 것은 절의를 숭장하는 것보다 더 큰 일이

없고, 신하로서 가장 어려운 일이 또한 절의에 죽는 것보다 더한 것이 없으니, 이것이 옛적 제왕들이 절의를 지키는 선비를 중하게 여기고 포창을 한 이유이다.

생각건대, 저 육신들은 어찌 천명과 인심을 거스를 수 없음을 알지 못하였으리요마는, 자신이 섬기던 임금에게 마음을 두어서, 죽어도 후회하지 않으니, 이것은 참으로 어려운 일이다. 충절이 수백 년 후에도 늠름하게 떨쳐져서 명 나라의 방효유·경청과 함께 논할 수 있는 것이다. 하물며 마침 선릉(先陵)에 행차하는 일이 있어 연(輦)이 육신묘 옆을 지나다가 내 마음에 더욱 느낀 바가 있었음에서랴?

슬프다, 어버이를 위하여 숨기는 의리를 모르겠는가? 내가 포창하고자 하는 것은 다만 그들의 절의만이 아니라, 당세의 난신이요, 후세의 충신이라 하신 세조의 말씀에 뜻이 있으니, 오늘의 이 일은 세조의 남겨준 뜻을 계승하고 세조의 거룩한 덕을 빛내는 것이다. 어찌 온당치 못한 일이 있으랴? 성삼문 등 육신을 특별히 복관하고 치제하여 백대의 풍성(風聲)을 세우라." 하였다. 《장릉지》

우승지 강선(姜銑)이 아뢰기를, "육신 중에 박팽년만이 혈족이 있어서 나라에서 써 주었고, 성삼문은 자손이 없고 외손만 있었는데, 연전에 서울 인왕산에서 우연히 매장된 신주를 얻었다 합니다. 지방에 유락(流落)한 외손이 지금 제사를 받들고 있는데, 가난하여 제사를 지낼 수 없다 하오니, 만일 그곳의 감사로 하여금 그 성명을 찾아 아뢰게 하여, 써 주시면 더욱 전하의 거룩한 덕을 빛나게 할 것입니다" 하였다. 숙종이 그대로 따랐다. 《장릉지》

○ 장릉(莊陵)을 능으로 봉한 뒤에 총리사(摠理使) 최석정(崔錫鼎)이 장계(狀啓)하기를, "지난 을축 연간에 육신의 사당을 단종의 위패(位牌)를 봉안(奉安)하였던 옛 사당 남쪽에 창설하였는데 감사 홍만종(洪萬鍾)·도사(都事) 유세명(柳世鳴)·군수 조이한(趙爾翰)이 상의하여 창건하고 엄흥도(嚴興道)를 배향하였다.

보통 규정으로 말하면 능침(陵寢)과 화소(火巢) 안에 신하의 사당을 둘 수 없지마는, 능의 멀리 지방의 외진 곳에 떨어져 있을 뿐 아니라, 육신들이 능침을 모시고 호위하는 것이 이 세상이나 저 세상이 다를 바가 없는데, 지금 만일 능에 봉해졌다고 해서 갑자기 육신의 사당을 헐게 한다면, 신도(神道)에서 보더라도 온당치 못한 바가 있으니, 헐지 말고 그대로 두어 동시에 제사하는 뜻을 보이는 것이 어떠합니까?" 하였다. 《조야기문(朝野記聞)》

숙종이 대신들을 불러 볼 때에 영상 유상운(柳尙運)이 말하기를, "사당은 분묘와 다르니, 능의 화소 안에 그대로 두는 것이 부당할 것 같습니다" 하였다. 숙종이 이르기를, "촉한(蜀漢) 무후(武侯 제갈량)의 사당이 소열(昭烈)황제의 사당 근처에 있으므로,

두보(杜甫)의 시에 '군신(君臣) 일체로 제사를 같이한다.[一體君臣祭祀同]' 하였으니, 육신의 사당을 그대로 능 안에 두는 것이 무방할 것 같다." 하였다.

상운이 아뢰기를, "소열황제의 사당은 촉한 때에는 반드시 백제성(白帝城)에 따로 세우지 않았을 것이요, 뒷사람이 창설한 것 같으니, 오늘 이 일을 증거 삼을 수 없고, 또 봄가을로 선비들이 모여서 왕릉의 정자각(丁字閣)에서 멀지 않은 곳에서 육신의 제사를 행하는 것이 타당치 않을 것 같습니다" 하였다.

최석정이 아뢰기를, "단종은 연대가 오래 되었기 때문에 영녕전(永寧殿)에 올려 모시고, 배향(配享)하는 공신이 없었는데, 육신은 다른 사람과는 다르니, 능에 모시어 호위하게 하는 것은 이승이나 저승이 다를 바가 없으므로, 그들의 사당을 화소 밖에 옮겨 세운다면 섭섭하게 여기실 것 같습니다. 모든 일에 경(經)과 권(權)이 있어서, 반드시 전례(前例)에 구애될 것이 없으니, 사당을 그대로 두어서 옮기지 않는 것이 옳을 것 같습니다." 하였다.

호판(戶判) 민진장(閔鎭長)이 아뢰기를, "정자각에서 조금 먼 곳에 옮겨 세우는 것이 마땅할 것 같습니다" 하였다. 예판 최규서(崔奎瑞)가 아뢰기를, "조천(祧遷)된 능에는 한식 차례 외에 없는데, 육신의 사당에는 춘추의 제향이 있을 것이니, 이것도 또한 장애가 됩니다. 옮겨 세우는 것이 마땅할 것 같습니다" 하였다.

우참찬(右叅贊) 서종태(徐宗泰)·이조 참판 이인환(李寅煥)·부제학 조상우(趙相愚)·우부승지 김우항(金宇杭)은 모두, "그대로 두는 것이 무방하다" 하였다.

　숙종이 이르기를, "신리(神理)와 인정이 서로 다르지 않으며, 육신은 다른 신하와 처지가 다르니, 사당을 조금 먼 곳에 옮겨 세운다는 것은 옳은 줄로 모르겠다" 하였다. 최석정이 아뢰기를, "중국에서도 공신을 능에 모신 예가 있고, 이번에 사릉(思陵) 근처에 정씨(鄭氏) 분묘도 파서 옮기지 않기로 하였으니, 육신의 사당에도 그런 예를 쓸 수 있습니다" 하였다. 숙종이 이르기를, "육신의 사당은 그대로 두는 것이 가하다" 하였다. 《장릉지》
○ 그 뒤에 화소 밖으로 옮겨 세웠다.

3

《승정원일기》

고종 43년 병오(1906) 9월 7일(신축, 양력 10월 24일) 맑음
충렬공 하위지의 계후를 변경시키지 말 것 등을 청하는 장례원 경 이도재의 계

○ 장례원 경 이도재(李道宰)가 삼가 아뢰기를,
"전에 종2품 이면주(李冕宙) 등의 상소와 종2품 박해철(朴海哲) 등의 상소에 대해 모두 예식원(禮式院)으로 하여금 품처하도록 비지를 내리셨습니다.

이면주 등의 상소를 가져다 보니, '신들이 삼가 살펴보건대, 하 충렬공(河忠烈公〔하위지(河緯地)〕)은 단종조(端宗朝)의 사육신(死六臣) 가운데 한 사람입니다. 병자년(1456, 세조2)에 죽임을 당하는 시기를 맞이

하여, 두 아들은 모두 살아남지 못할 것이고 조카 하귀동(河龜童)은 어리므로 혹 목숨을 보전할 수도 있을 것임을 일찍 알고는, 가산(家産)을 유권(遺券)에 기록할 때에 별고(別庫)에 보관하여 둔 녹봉은 그 유권[32] 안에 섞여 기재되지 않도록 하여, 은연중에 그로 하여금 대를 잇게 하려는 뜻을 보이고[33] 자신의 외가에 맡겨 기르도록 하였으니, 충경공(忠敬公) 정호(鄭澔)의 글을 보면 충렬공의 의도를 알 수 있습니다.

숙종(肅宗) 을유년(1705, 숙종31)에 사육신의 죄를 탕척(蕩滌)하고서 후사(後嗣)를 세우라는 명이 있자, 문충공(文忠公) 민진후(閔鎭厚)가 아뢰어 하원(河源)을 후사로 삼았으니, 하원은 하귀동의 관명(冠名)입니다. 영조(英祖) 계해년(1743, 영조19)에 사손(祀孫)을 녹용(錄用)하라는 명이 있자, 충정공(忠貞公) 김재로(金在魯)가 아뢰어 하용익(河龍翼)을 참봉(參奉)으로 삼았으니, 하용익은 하원의 적손(嫡孫)입니다. 또 경인년(1770, 영조46)에 정헌공(正獻公) 민백상(閔百祥)의 계품으로

---

32 유권은 하위지(河緯地)가 처형을 당하기 전에 작성했다는 재산 목록 문권(文券)을 말한다. 정호(鄭澔)는 '제고사간하선생유권후(題故司諫河先生遺券後)'에서 하위지가 유권에서 집안의 사소한 잡물(雜物)까지도 기록하면서 별고의 녹봉(祿俸)만 기록하지 않은 뜻은 '이 유권에 기록된 것만이 집안 재물이며 별고의 녹봉은 집안 재물이 아니다'라는 뜻을 보여 준다고 하였다. 하위지는 세조가 즉위한 이후로 받은 녹봉을 별고에 쌓아 두고 먹지 않았다. [古文書集成 권56, 정신문화연구원, 767쪽; 국역연려실기술 1집, 한국고전번역원, 1977, 451쪽]

33 하위지는 유권에 '시귀동국(示龜童)'이라는 글귀를 썼는데, 정호(鄭澔)는 '제고사간하선생유권후(題故司諫河先生遺券後)'의 이 글귀는 하귀동이 장성하여 이 글자로 자(字)를 삼기를 기대하는 하위지의 뜻이 담긴 것으로 그로 하여금 대를 잇게 하려는 의도를 비친 것이라고 하였다. [古文書集成 권56, 정신문화연구원, 767쪽]

인해 공에게 시호(諡號)가 내렸고, 정조(正祖) 정유년(1777, 정조1)에 충정공(忠靖公) 김상철(金尙喆)의 계품으로 인해 정려문(旌閭門)이 세워졌으며, 순조(純祖) 갑자년(1804, 순조4)에 충정공(忠正公) 이시수(李時秀)의 계품으로 인해 부조묘(不祧廟)가 허락되었습니다.

폐하께서도 무자년(1888, 고종25)에 사손인 하대운(河大運)을 녹용하여 도사(都事)로 삼으셨으니, 충렬공 가문의 끊어진 대를 잇고 공적을 드러내는 은전(恩典)이 여기에서 갖추어졌다 하겠습니다. 관향(貫鄕)과 호(號)의 증거에 대하여 말씀드리겠습니다. 우리 정조 선황제(正祖宣皇帝)께서는 타고나신 성덕(聖德)으로 고금의 역사를 통람(通覽)하고 전적(典籍)을 널리 고찰하여 충렬공 사적(事績)의 시말을 《장릉지(莊陵誌)》[34]와 《홍재전서(弘齋全書)》에 친히 기재하셨는데, 두 책에 모두 이르기를, 「관향은 진주(晉州)요, 호는 단계(丹溪)[35]이다」라고 하였습니다. 기타 온 나라 안에 퍼져 있는 문헌을 일일이 거론하기 어렵지만 삼가 두드러지게 나타난 것을 모아 말씀드리겠습니다.

태종(太宗) 임오년(1402, 태종2)의 《문과방목(文科榜目)》에 「하담(河

---

34 이 글에서 언급하는 《장릉지》는 모두 정조의 명에 의하여 박기정(朴基正)이 편찬한 《장릉사보(莊陵史補)》이다. 원래의 《장릉지》는 윤순거(尹舜擧)의 《노릉지(魯陵誌)》를 증보하여 권화(權和)와 박경여(朴慶餘)가 엮은 책이다.

35 같은 이름이 두 군데 있었던 관계로 단계를 관향으로 보느냐 호로 보느냐 하는 문제가 대두된 듯하다. 《龜尾市誌 구미문화원, 158쪽》《국역신증동국여지승람 4집, 한국고전번역원, 300쪽》같은 이름을 가진 곳이 두 군데 있다. 하나는 하위지의 고향 마을인 경상북도 선산읍(善山邑) 영봉리(迎鳳里) 하위지의 집 앞을 흐르는 개천 이름이다. 하위지가 태어날 때 3일 동안 개울물이 붉게 물들었기 때문에 이 개천을 단계라 부르고 또 호(號)로 취하였다고 한다. 또 하나는 신라 시대에 적촌(赤村)으로 불리다가 조선 시대에 단성현(丹城縣)으로 편입된 고을의 이름이다.

澹)은 진주 사람이다」하였으니, 하담은 곧 충렬공의 부친입니다. 세종(世宗) 기유년(1429, 세종11)의 《문과방목》에「하강지(河綱地)는 진주 사람이다」하였으니, 하강지는 곧 충렬공의 형입니다. 또 무오년(1438, 세종20)의 《문과방목》에는 충렬공이 동생 하기지(河紀地)와 나란히 과거에 급제했는데, 모두 진주 사람이라고 쓰여 있습니다. 지금 그 방목이 모두 규장각에 있으니 살펴보면 알 수 있습니다.

그리고 본도(本道 경상도)의 장적(帳籍) 및 《선산읍지(善山邑誌)》, 문충공(文忠公) 김종직(金宗直)의 《이준록(彝尊錄)》, 문강공(文康公) 장현광(張顯光)이 지은 묘갈명(墓碣銘)에도 모두 관향이 진주라고 쓰여 있습니다. 문정공(文貞公) 남효온(南孝溫)의 조야집록(朝野輯錄), 문정공(文正公) 송시열(宋時烈)의 삼인록서(三仁錄序)에는 모두 호가 단계라고 쓰여 있습니다. 또한 살펴보니 옛 신하 이기(李墍)의 《송와잡기(松窩雜記)》에「하위지(河緯地)는 아들만 둘을 두었는데, 장자는 하호(河琥)요 차자는 하박(河珀)이다.」라고 하였고, 동학사(東鶴寺)의 초혼기[36](招魂記)에는 지련(池璉)과 지반(池班)으로 쓰여 있는데, 《홍재전서》에서「지(池)는 하(河)와 글자 모양이 비슷하여 잘못 쓰인 것이고 호(琥)·박(珀)과 연(璉)·반(班)은 글자는 달라도 사람 수는 일치한다」

---

36 1458년(세조4)에 세조가 계유정난(癸酉靖難)과 단종복위사건(端宗復位事件)의 와중에서 죽은 280명의 명단을 비단에 써서 동학사에 내려 주어 초혼제를 지내게 하였는데 그 명단을 초혼적기(招魂籍記)라고 한다. 초혼적기에는 주모자의 이름 밑에 연루되어 죽은 가족의 이름이 기록되어 있다. 《韓國民族文化大百科事典 권7, 정신문화연구원, 1989, 351쪽》 《국역연려실기술 1집, 한국고전번역원, 1977, 381, 399쪽》

고 하였고, 또「지금 호와 박만 남겨 두고 연과 반은 수록하지 않는다」고 하였으니, 이는 매우 엄정한 판단이요 금석(金石) 같은 판결로서 먼 후세에도 의심하지 않을 바입니다.

 순조 계사년(1833, 순조33)에 송도(松都) 사람 하시철(河始徹)이 《홍재전서》에서 채택하지 않은 연과 반에 대한 설을 다시 제기하며 《홍재전서》에 실리지도 않은 거짓 사적을 슬그머니 끌어와 호를 관향이라고 주장함으로써 임금을 기만하였습니다. 당시 예조 당상이었던 충경공(忠敬公) 조만영(趙萬永)이 《홍재전서》의 내용을 근거로 처분하기를 아뢰어 그를 형배(刑配)시키니 단계가 관향이라는 설은 끊어져서 세상에 다시 나타나지 않았습니다.

 그런데 뜻밖에도 이번에 하상기(河相驥)가 또다시 하시철이 들었던, 사실 확인이 안 된 사적을 그대로 인용하고, 박노학(朴魯學)의 황당무계한 말을 증거로 대며 감히 온 나라 사람들이 부르는 호를 나라를 통틀어도 없는 관향으로 주장하는 소장(訴狀)을 장례원에 올려 위로 성상을 현혹하고는, 그의 아들 하구용(河九鎔)을 그 내력(來歷)을 살피지도 않고 충렬공과의 세차(世次)를 따지지도 않은 채 곧바로 충렬공의 사손으로 삼았으며, 왕명으로 정했던 하대유 집안의 입후(立后)는 위계(僞系)라고 하여 타파하였고, 또 그들이 제사를 받들었던 부조묘와 어명으로 내린 정려문은 위조(僞造)라고 하여 철거할 것을 청하고, 또 근거해 온 《홍재전서》 속의 사적이 조작된 것이라고 하여 삭제를 청하였습니다.

아, 하상기가 한번 출현하자 열성조께서 마련한 규례와 선현(先賢)의 글이 완전히 쓸모없게 되었습니다. 신들은 박노학의 무고(誣告)에 대해서 변정(卞正)하겠습니다. 그는 나이 적고 지각 없는 사람이지만 또한 충정공(忠正公) 박팽년(朴彭年)의 후손입니다. 충정공과 충렬공이 동시에 화를 당했을 때에 젖먹이 어린아이가 겨우 목숨을 보전한 것은 하귀동이 외가에서 양육되었던 것과 비슷합니다.[37]

그리고 동시에 적몰(籍沒)을 당해 박공의 사적과 하공의 사적이 모두 몰입(沒入)되었는데, 어떻게 유편(遺編)이 그 가문에만 전해질 수 있겠습니까? 혹여 그 이후에 수집된 것이 있었다면 박노학의 고조인 참판 박기정(朴基正)이 경연(經筵)에 출입하고 《장릉지》 편찬에 참여했을 때 필시 집안에 소장하고 있던 것을 모두 가져다가 자진해서 바침으로써 우리 정조께서 널리 자료를 수집하시는 뜻에 부응했을 것입니다.

그런데 지금 어찌 400년 동안 없었던 문적이 비로소 나와 관향을 바꾼 저 하씨(河氏)[38]들의 주장을 입증함으로써 마침내 지금껏 전해 온 사실이 의심받게 되고 허물을 꾸미고 숨기는 자가 이를 의탁하게 한단 말입니까? 이를 인정한다면 박노학의 황당한 말을 《홍재전서》에

---

37 박팽년이 죽을 때 며느리가 임신 중이었는데, 조정에서는 아들을 낳으면 죽이도록 했다. 그런데 아들을 낳자 같은 시기에 딸을 낳은 노비와 바꾸어 기르고 이름을 박비(朴婢)라고 지었다. 성종(成宗) 때에 조정에 자수하고 이름을 박일산(朴壹珊)으로 고쳤다. 《국역연려실기술 1집, 한국고전번역원, 1977, 444~445쪽》.

38 송도(松都)의 하씨들은 원래 '단계(澶溪)'를 본관으로 하다가 '단계(丹溪)'로 바꾸었다고 한다. 《古文書集成 권56, 정신문화연구원, 415쪽》.

서 정조께서 내리신 판단보다 되레 중시하는 것이 아니겠습니까? 저들은 일종의 사기꾼으로서 사체를 알지 못하고 분의(分義)를 돌아보지 않은 채 스스로 세상에는 못할 일이 없다고 여기고는 오직 대현(大賢)의 후손 자리를 몰래 차지하려고 했습니다.

그러다 방법이 없자 열성조께서 시행하신 전장(典章)을 무고하여 훼손시킨 데다《홍재전서》의 내용을 헐뜯어서 열성조의 처분을 무시하고 또한 폐하를 기만했으니, 법사(法司)의 처벌을 어찌 피할 수 있겠습니까? 그리고 한 나라의 예(禮)를 담당하는 신하는 학식이 밝아야 하고 견문이 정밀해야 하는데도, 어찌하여 선조(先朝)에 금석 같은 전적(典籍)이 있고 선현의 몇몇 가문에 수필(隨筆)이 있음을 모른 채 도리어 한때의 절박한 하소연에 유혹되고 정신을 빼앗겨서 천하 사람들의 공론을 막을 수 있다는 듯이 곧바로 상주하였으니, 이것이 신들이 통한으로 여기는 바입니다.

신들이 포의(布衣)일 뿐이지만 그래도 열성조께서 돌보아 주신 교화를 입어왔으니, 고수하는 것은 열성조의 전장이며 읽는 것은 정조의 《홍재전서》이며 숭상하는 것은 충렬공의 기개와 절의입니다. 그런데 갑자기 전에 없던 이런 큰 변고를 겪게 되니 충정(衷情)이 절로 격분되어 차마 좌시할 수가 없기에 의정부와 장례원에 연명 상소(聯名上訴)를 올리고 이제 감히 성상께 한목소리로 우러러 호소합니다.

삼가 바라건대, 폐하께서는 법에 비추어 보시고 단호히 결단을 내리시어 광무 7년(1903, 고종40) 10월 19일에 장례원에 주하하셨던 것을 속히 철회하심으로써 《홍재전서》에서 연과 반을 수록하지 않은 뜻을 계승하시고 선현을 기만한 하상기에게 엄한 형벌을 가하여 순묘조에 하시철을 형배했던 일을 이으소서' 하였습니다.

박해철(朴海哲) 등의 상소를 가져다 보니, '신들의 선조인 충정공 박팽년이 성삼문(成三問), 이개(李塏), 하위지, 유성원(柳誠源), 유응부(俞應孚) 등 다섯 신하와 함께 병자년에 화를 당했기에 신들은 오신(五臣)을 선조(先祖)처럼 섬겨왔습니다. 그러니 오신의 의리에 관한 일이 있다면 이는 반드시 앞장서 형벌도 피하지 않고 명확하게 변론하고야 말 일입니다.

충정공의 현손(玄孫)인 참봉 박계창(朴繼昌)이 충정공의 기일(忌日)에 오신이 함께 있는 꿈을 꾸었는데 그들의 화제(話題)가 제사가 끊어진 데에 이르자 심히 서글픈 안색을 띠었다고 합니다. 꿈을 깨고서도 슬픈 감회를 이길 수가 없어 오신을 같이 제사 지냈는데, 관작(官爵)이 회복되기 전이라서 지방(紙榜)과 축문(祝文)의 서식에 감히 직함을 쓰지 못하고 관향과 성(姓)과 아무개 선생이라고만 썼습니다. 충렬공 하위지에 대해서는 단계(丹溪) 하 선생(河先生)이라고 하였는데, 그때는 옛날과 거리가 멀지 않았으니 필시 명확한 근거가 있어서 그리하였을 것입니다. 제사를 받든 지 150여 년이 지나서 신원(伸冤)된 후에 각처에 서원(書院)을 세움에 따라 유생들의 논의로 제사를 그만두게 되었으니 이 사실은 온 나라가 모두 아는 바입니다.

그리고 신들의 선조인 주부(主簿) 박종우(朴宗佑), 익찬(翊贊) 박숭고(朴崇古)가 이에 대해 쓴 소지(小識)에 「하 선생의 관향은 단계이다」라고 하였으니, 이것은 신의 집안에 대대로 전해 온 명확한 증거입니다. 그리고 충렬공의 유묵(遺墨)에 친필로 단계라고 쓰여 있는데, 혹 별호(別號)로 의심할 수도 있겠지만 전혀 그렇지 않다는 분명한 사실이 있습니다. 명(明) 나라 사신 예겸(倪謙)과 사마순(司馬恂)을 전송하는 시를 지을 때 충정공과 충문공(忠文公) 성삼문(成三問) 등 27인과 함께 각기 관향을 썼는데, 충정공은 평양(平陽)이라고 하였으니, 평양은 순천(順天)의 옛 명칭이고, 충문공은 창녕(昌寧)이라고 하고, 고(故) 상신(相臣) 하연(河演)은 진양(晉陽 진주의 옛 이름)이라고 하였으며, 충렬공은 단계라고 한 기록이 중국에 있는《요해편(遼海編)》[39]과 우리나라의《황화집(皇華集)》에 실려 있습니다.

그리고 충문공의 유집(遺集)을 삼가 살펴보니, 「고령(高靈) 신숙주(申叔舟), 적촌(赤村) 하위지와 함께 진관사(津寬寺)에서 독서하였다」는 내용이 있는데, 적촌은 단계현(丹溪縣)의 옛 명칭입니다. 각자의 관향을 쓸 때 어찌 충렬공에게만 호를 썼겠습니까?《동국여지승람(東國輿地勝覽)》에는 「단성현(丹城縣)의 옛 명칭은 적촌과 단계이다.」라고 하였습니다. 단성의 각성기(各姓記) 중에 하씨(河氏)가 기록되어 있는데 하(河) 자(字) 아래에 별도로 주(註)를 달아서 「진주가 본관이

---

[39] 1450년(세종32)에 명 나라 사신 예겸(倪謙)이 와서 우리나라 문인들과 화답한 시와 작별할 때 지은 시를 모아 엮은 책으로 그가 돌아갈 때 주었다.《국역연려실기술 9집, 한국고전번역원, 1977, 334쪽》.

다」라고 하였으니, 이는 본관은 진주이면서 단성에 거주하는 사람을 기록한 것입니다. 그 아래 단계의 각성기에 하씨가 또 있는데 별도로 주를 달지 않았으니, 이는 본관이 단계라는 말이며 바로 충렬공이 속한 하씨입니다.

숙종조에 이르러서 낙빈서원(洛濱書院)과 민절서원(愍節書院) 두 서원을 창건할 때에도 사육신의 관향을 썼는데, 단계라고 하였습니다. 또한 충렬공에게는 호가 없었음이 문목공(文穆公) 정구(鄭逑)의 유집에 분명히 드러나 있습니다.

이는 모두 옛날부터 있었던 증거이지, 하씨들의 시비를 가리기 위하여 꾸며 낸 것이 아닙니다. 예전에 하용익으로 계후할 때는, 애초에 하용익의 관향이 단계인지 진주인지 시비를 가리지 않았으니, 단지 하씨로 계후한다는 것만 알았던 것입니다. 하시철이 변무(辨誣)할 때에 비로소 하용익이 진주 하씨라는 것을 알고서 이 사실을 밝혔습니다. 그러나 끝내 바로잡히지 않은 채 일이 정성처럼 되지 못하여 지금까지도 마음에 맺힌 억울함이 끝이 없습니다.

이러므로 하시철이 《변무록(辨誣錄)》을 간행할 때에 신들의 온 집안이 있는 힘을 다하지 않음이 없었으니, 참판 박광석(朴光錫), 이조 참의 박문현(朴文鉉), 동지돈녕부사 박해조(朴海朝), 교리 박해순(朴海淳)이 《변무록》의 서(序)와 발(跋)을 지어서 뒷날을 대비하는 자료가 되게 하였습니다. 신들이 충렬공의 사적에 대해서 한마디 말이라도 억측이나 거짓이 있다면 장차 무슨 면목으로 선조의 사당에 설 수 있겠습니까?

 지난 계묘년(1903, 고종40)에 삼가 황제 폐하께서 특별히 큰 은혜를 베푸시어 오신(五臣)의 계후를 정하라는 명을 내리시자, 장례원 경 이용직(李容稙)이 하씨의 관향에 대해 신들 집안의 종손(宗孫)인 박노학에게 물었으므로, 박노학이 단계가 옳다고 대답하였던 것이니, 감히 어찌 조금이라도 애증이 섞인 말을 했겠습니까? 장례원에서 사실에 근거하여 품주한 일부터 하구용이 계후가 된 일까지는 조정의 처분이니 신들이 감히 말할 일이 아닙니다. 계후하는 일은 하씨에게만 그친 것이 아니고 나머지 네 가문에서도 마찬가지였습니다.

 아, 저 이면주의 상소에 「하상기가 박노학의 황당무계한 말을 증거로 대어 온 나라 사람들이 부르는 충렬공의 호를 나라를 통틀어도 없는 관향으로 바꾸었다」고 하였는데, 이 얼마나 지독한 무함입니까. 학식이 없는 그가 어찌 한쪽의 설에만 의거해서 이렇게 사실과 어긋난 주장을 한단 말입니까? 그의 글을 반도 보기 전에 머리칼이 쭈뼛쭈뼛 서고 곧이어 끝없이 식은땀이 솟았습니다. 수백 년 동안 대대로 전해 온 문적(文籍)을 어찌 황당무계하다고 말할 수 있으며, 있지도 않은 충렬공의 호를 온 나라 사람들이 불렀다고 말할 수 있으며, 《동국여지승람》에도 기재된 관향이 나라를 통틀어도 없는 것이라고 할 수 있겠습니까.

 그들이 《홍재전서》에 크게 의지하고 있으나, 《홍재전서》에 달린 주에 「하씨 가승(河氏家乘)의 내용을 본 것이지 내가 특별히 쓴 뜻은 없다」고 하였는데, 이 가승은 하석중(河錫中)이 근거 없이 꾸며서 바친 것입니다. 충렬공에게는 원래 4명의 자식으로 연(璉), 반(班), 호(琥), 박(珀)이 있어서 모두 동학사(東鶴寺)에서 제향을 드렸는데, 이는 본래 세조께서 처분을 내리신 일입니다. 그런데도 하석중은 하련과 하반에 대한 제향을 없애 달라고 청하기까지 하였으니 이런 짓을 차마 할 수 있다면 무엇인들 차마 못하겠습니까. 아? 애통합니다.

여기에서 진주 하씨가 조작한 사실이 더욱 드러났는데도 지금 이면주 무리들은 사실을 상세히 살피지 않고서 사사로운 정리에 매이는 비루한 습속에 젖어 신들을 불측한 처지에 몰아넣고 성상을 현혹시키고 있으니 어찌 한심하지 않겠습니까? 하상기가 증거하는 것이야 그들 나름대로 증거하는 것이니 그들이 증거하는 것을 염려하여 감히 우리 가문에서 충렬공의 관향과 호에 대해서 변론하지 않겠으며, 진주 하씨가 원망하는 것이야 그들 나름대로 원망하는 것이니 그들의 원망을 염려하여 감히 충렬공의 관향과 호에 대해서 변론하지 않겠습니까? 신들이 변론하는 것은 관향과 호이며 감히 마음대로 하지 못하는 것은 계후하는 일입니다.

삼가 바라건대, 폐하께서는 단호히 결단을 내리시고 속히 처분을 내리심으로써 이면주 무리들이 망언(妄言)한 죄를 다스리시고 충렬공에게 이른 욕된 변고를 쾌히 씻어 주소서' 하였습니다.

이후에 이면주 등의 두 번째 상소가 있자 장례원으로 하여금 즉시 사실을 조사해서 바로잡도록 명을 내리셨습니다. 그 상소를 가져다

보니, '신들이 이전 상소에서 아뢴 바는 태종과 세종 양조(兩朝)의 방목 중에 하 충렬공 네 부자가 들어 있는 《문과방목》과 정조 때의 왕명으로 정한 《장릉지》와 《홍재전서》 중에서 하 충렬공의 사적을 상세히 기록한 부분에 근거한 것입니다. 《선산읍지》는 충렬공 본향의 읍지이니 당연히 고을 사람의 관향에 대해서 상세하게 기록했을 것이고, 장적(帳籍)은 충렬공이 편수(編修)한 호적(戶籍)이니 당연히 자기 성의 본관을 알고 있었을 것입니다.

　문충공 김종직은 같은 동네에서 보고 들은 처지에서 《이준록》을 남겼으며, 문정공 남효온은 같은 시대에 의리를 지킨 현인으로서 조야집록을 남겼으며, 문강공 장현광은 묘갈명을 지었고, 문정공 송시열은 삼인록서를 지었는데, 모두 당세에 수필(隨筆)을 쓴 대현(大賢)들이니, 이것들은 뚜렷한 정안(正案)입니다. 위로는 규장각과 지방의 사고(史庫) 문서부터 아래로는 읍지, 장적, 여러 선배들의 수필에 이르기까지 모두 관향은 진주요, 호는 단계라고 기록되어 있었기에 신들은 다만 거기에 근거해서 아뢰었던 것입니다.

　박해철이 아뢴 바는, 충정공 박팽년의 현손인 참봉 박계창이 꿈을 기록한 것과 주부 박종우, 익찬 박숭고의 소지(小識)에 들어 있는 내용과 명 나라 사신을 전송할 때 지은 시가 실려 있는 《요해편》 및 《황화집》의 내용과 진관사에서 독서할 때 지은 연구(聯句)에 붙어 있는 소서(小序)의 내용과 《동국여지승람》과 낙빈서원 및 민절서원의 두 서원에 봉안할 당시의 일과 문목공 정구의 유집의 내용입니다.

'저들은, 신들이 아뢴 바로서 물론 이것들은 같은 고을 같은 마을에서 동시에 접할 수 있는 것은 아닙니다만, 국조(國朝) 이후로 군왕들께서 친히 보고 정(定)하고 편찬하고 사고에 보관하신 자료와 저 대현들의 수필을 보았으므로 그들이 이전에 증거 댄 것이 잘못되었다는 것을 충분히 반성할 수 있었을 것입니다. 그렇다면 박노학으로 하여금 입을 다물고 나서지 않도록 하는 것이 신하의 도리일 텐데 도리어 일가붙이들의 이름을 나란히 쓰고 단편적이고 불분명한 사적을 꾸며서 하상기의 허세(虛勢)를 돕는단 말입니까?

아, 저들의 이른바 꿈의 기록이라는 것은 망녕이 너무도 심하니 꿈속에서 어떻게 관향과 호를 변론하겠으며, 이른바 소지(小識)라는 것도 꿈의 내용을 꾸민 것인데, 어찌 감히 임금께 이를 아뢸 수 있겠습니까? 이른바 《황화집》에 실려 있는 박 충정공의 시에 대한 주는 후인(後人)이 붙인 것이며, 그들이 말하는 연구시(聯句詩)에 대한 충문공 성삼문의 소서(小序)는 유고(遺稿)를 수습하는 과정에서 나온 것입니다.

성공(成公)과 박공(朴公) 두 선현은 모두 사육신에 속하는 사람으로 시종 충렬공과 함께하였는데 당시에 어찌 방목에 써 있는 충렬공의 관향을 몰랐겠습니까? 그리고 규장각에 보관되어 있는 자료에 대해 누가 감히 조작된 것이며 전란 후에 수집된 것은 혹 사실과 어긋나는 것도 있다고 말하겠습니까? 또 정 문목공(鄭文穆公)의 유집에서는 애초에 충렬공의 관향과 호를 언급하지도 않았는데, 어찌하여 억설을 합니까?

《동국여지승람》의 성씨조(姓氏條)에 있어서는, 단성현(丹城縣)의 명칭은 본조(本朝)에 처음 시작되었는데, 당시는 진주에 소속되지 않은 때였으므로 하씨 성의 아래에 진주라고 주를 달아 그 성씨가 본래 진주에서 유래하였음을 밝힌 것이며, 단계현(丹溪縣)의 명칭은 고려 초에 시작되었는데, 당시는 진주에 소속되어 있던 때였으므로 하씨 성의 아래에 주를 두지 않아 그 성씨의 관향이 진주임을 밝힌 것입니다.

낙빈서원은 대구에 건립된 서원인데 박씨 가문에서 건립을 주관하였으므로 이에 관한 그들의 조작된 주장은 대부분 근거가 없습니다. 민절서원은 경기도에 건립된 서원으로 도성의 명경(名卿)들이 함께 제사를 받들어 거행하는데, 충렬공에 대한 제문(祭文)에「숭선(崇善 선산의 옛 이름)의 향리(鄕里)에 진양(晉陽) 하씨가 대대로 살고 있다」는 구절이 있습니다.

이러한 것들에 근거하건대 신들이 변론할 것도 없이 저절로 변별이 될 것입니다. 대개 이런 자료는《홍재전서》가 지어지기 전에 나왔는데, 정조조에 모두 사실로 확인된 것입니다. 하시철이 변론할 때 한 말은 모두 박노학 가문에서 증거를 댄 데서 나온 것인데, 박노학이 증거로 댄 것은 단지 단편적이고 불분명한 사적을 모은 것으로 대부분 꾸며 냈음이 뚜렷한 데 반해 신들이 아뢴 것은 모두 중대하고 분명한 자료이며 그 외에도 허다한 증거가 있습니다.

이 때문에 신들이「온 나라 사람들이 부르고 있는 호를 나라를 통틀어도 없는 관향으로 바꾸었다」고 아뢰었던 것입니다. 하원으로 계후한 것은 숙종조에 왕명으로 정한 것이며, 하용익을 녹용한 것은 영조조에 내린 왕명에 의한 것이었습니다. 그런데 지금「하용익으로 계후하였다.」고 말하는 것은 열성조께서 내리신 명을 드러내 놓고 배척한 것이고, 남의 가문의 가계를 바꾸어 버린 것입니다. 이는 하원이 입후(立後)된 것을 매우 미워하고 하구용이 새로이 입후되도록 힘써 돕고자 했기에 말미암은 일입니다.

하시철의 무고에 대해서는 순조조에 이미 처벌되었습니다. 그런데 지금「신들의 온 집안은 마음에 맺힌 억울함이 끝이 없습니다」라고 하고,「하시철이《변무록》을 간행할 때에 참판 박광석, 이조 참의 박문현, 동지돈녕부사 박해조, 교리 박해순이 서(序)와 발(跋)을 지어서 뒷날을 대비하는 자료가 되게 하였다」고 하였으니, 조정에서 형배하여 처벌한 일에 대해 장차 뒤의 어느 날을 대비한단 말입니까. 이번에 하상기가 출현한 것도 그 무리들이 불만을 드러낸 것이 아니겠습니까?

《홍재전서》는 우리나라의 전범(典範)이 되는 전적(典籍)입니다. 삼가《홍재전서》에서 충렬공의 일을 실은 부분을 살펴보니「관향은 진주이고 호는 단계이다」라고 하였는데, 임금께서 사실을 살피고 헤아려서 특별히 쓰신 것입니다. 그 아래에는「이기(李墍)의《송와잡기》에 하위지는 아들만 둘을 두었는데, 장자는 하호(河琥)이고 차자는 하박(河珀)이라고 하였다」하고, 그 아래에는 또「하씨 가승에 연(璉)과

반(班)은 아마도 호와 박의 또다른 이름일 듯하다고 하였는데, 그 설이 그럴듯하다.」하고, 그 아래에는 또 「이 일은 모두 이기의 기록을 사실로 인정한 것이다」하였습니다.

우리 정조대왕께서 신성한 감식으로 하씨 집안의 가승에 대해서는 「그럴듯하다」고 하고, 이기의 기록에 대해서는 「사실로 인정한 것이다」라고 하셨는데 그럴듯하다는 것은 미심쩍어 하는 말이요, 사실로 인정한다는 것은 단정짓고 재가하는 말입니다. 그러니 《홍재전서》에서 연을 버리고 호를 남긴 것을 두고 하씨 가문에서 근거 없는 가승을 바쳤기 때문이라고 말할 수는 없습니다.

그리고 「하석중이 하련과 하반에게 드리는 제향을 없애 달라고 청했다」고 하는 말은 또 무엇을 근거로 하는 말입니까? 게다가 그들이 신들을 지적하여 「《홍재전서》에 크게 의지하였다」라고 말하는데, 아, 우리나라의 상하 군신 중에 이 책을 존중하지 않는 자가 없는데도 박해철 무리만은 존중하지 않는단 말입니까? 그리고 말하기를, 「《홍재전서》에 달려 있는 주에 하씨 가승을 보았다고 하였다」하였는데, 삼가 살펴보건대 《홍재전서》에 충렬공의 일이 실린 부분에는 원래 주가 달려 있지 않습니다. 군왕이 친히 지은 글에 주를 다는 것은 얼마나 엄중하게 해야 합니까? 그런데 감히 원서(原書)에도 없는 것을 임의로 덧붙이고 구절을 마구 바꾸어서는 군왕에게 고하는 글에까지 썼으니, 이는 곧 불경(不敬)입니다.

폐하께서 신들의 상소를 살펴보시고는 장례원으로 하여금 품처하도록 하셨으니, 장차 법에 따라 잘못을 고쳐 바로잡을 것인데, 박해철은 박노학이 고립되는 것을 걱정하여 이렇게 연명으로 상소를 올려서 다시 폐하를 속이고 있으니, 이것은 맹자(孟子)가 말한 바 잘못을 저지른 데다 이어 변명까지 하는 것이요, 주자가 말한 바 없는 일을 있다고 말하면서까지 자신의 이익을 꾀하는, 차마 해서는 안 될 일입니다.

그들이 주장한 바를 따져 보건대, 《황화집》의 시에 단 주가 옳다면 양조(兩朝) 때에 급제자들을 기록한 방목의 진위는 어디로 돌아가며, 박계창의 꿈을 기록한 것이 옳다면 《장릉지》에서 군왕께서 친히 정하신 사적의 진위는 어디로 돌아가며, 박숭고의 소지(小識)가 옳다면 《홍재전서》에서 군왕께서 친히 지으신 말은 어디로 돌아가며, 하시철이 거짓으로 꾸민 계보(系譜)가 옳다면 숙종께서 계후하라고 하신 명은 어디로 돌아가며, 박광석이 뒷날을 대비하여 썼다는 서(序)의 내용이 옳다면 순조께서 형배시킨 일은 어디로 돌아가겠습니까?

일개 하상기에 대한 고려 때문에 열성조를 핍박하는 말을 하고 열성조를 모독하면서 방자하게 청을 올리고는 자신들의 설만이 옳다고 스스로 말하고 있으니 세변(世變)이 하나같이 이 지경까지 이르렀단 말입니까? 박노학의 증조(曾祖)와 고조(高祖)의 세대에 하 충렬공의 후손과 교분이 두터운 자로는 박기정(朴基正), 박기굉(朴基宏), 박성유(朴聖游) 등이 있었는데, 《장릉지》를 편찬할 때에 단독으로 서찰(書札)을 띄우기도 하였고, 충렬공의 사당에 시호를 내릴 때에 연명으로 서찰을 띄우기도 하였으며, 송도 하씨가 도움을 청할 때에 숙질(叔姪)간에 이견을 보이기도 했습니다.

이런 허다한 서찰을 여러 신하가 향리에서 익히 보았고, 충렬공의 본손(本孫)이 또 이 서찰을 가지고 서울로 오니 조정에 있는 공경재신(公卿宰臣)들 또한 많이들 돌려가면서 보았습니다. 다만 지엄하신 성상께는 감히 올리지 못했을 뿐입니다. 지금 저들이 인용한 여러 박씨의 자료는 대부분 전후 사실이 서로 어긋납니다. 아마도 저들이 올린 상소의 내용은 다 박노학이 꾸민 것이며 박해철 등도 모르는 내용일 것입니다.

신들은 저들이 이른바 망언한 죄에 대해서는 공손히 처분을 기다릴 것입니다. 그러나 열성조의 제도와 처분이 또 이렇게 기만당하고 훼손되며 충렬공의 관향과 호가 점차 혼란스럽게 된 것은 모두 품처가 늦어졌기 때문이니, 삼가 바라건대 폐하께서는 확고한 결단을 내리시어 속히 바로잡도록 하시고 속히 처벌을 내리소서. 하시철 이후로의 날조된 기록과 족보, 거짓 증거와 사적은 즉시 모두 일일이 불속에 던져서 끝없는 우환을 영원히 막아 주소서' 하였습니다.

삼가 두 하씨 집안이 다투는 사안을 살펴보건대 곧 계후와 관향에 대한 것일 뿐입니다. 계후하는 일에 대해서 신이 삼가 살펴보니, 정조 선황제께서 지으신 《홍재전서》에 들어 있는 장릉배식록(莊陵配食錄)에 이르기를, '숙종 신미년(1691, 숙종17)에 복관(復官)시키고, 을유년(1705, 숙종31)에 하위지의 조카 하원의 자손을 하위지의 계후로 삼았으며, 영종(英宗) 무인년(1758, 영조34)에 이조 판서를 추증하고 충렬(忠烈)이라는 시호를 내렸다. 내가 즉위한 뒤 정유년(1777, 정조1)에 정려문을 세웠다'라고 하였으며, 순조 갑자년(1804, 순조4)에 부조묘를 허락한다고 명하였으니, 모두 우리 열성조께서 명현(名賢)들의 건의를 받아들여 전에 없던 은전을 베푸신 것이었습니다.

시호와 정려문을 내리고 부조묘를 명한 것이 모두 하원의 후손 집안에 행해져서 윤서(倫序)가 이미 정해졌으니 변동하지 않는 것이 마땅합니다. 그리고 몇 년 전에 하낙서(河洛瑞)가 사실을 조작한 단자(單子)를 올려서 하구용으로 계후할 것을 청하자 본원(本院)에서 상주하여 윤허를 받았습니다만, 이번에 바로잡으라는 명을 내리신 것은 실로 우리 황상 폐하께서 선왕대의 처분을 중시하려는 뜻에서 나온 것입니다. 그런 만큼 계후의 사안은 예전대로 두고 변경시키지 않는 것이 지극히 합당하게 바로잡는 것이 될 것입니다.

관향에 대해서 말하자면 한편의 주장은 단계(丹溪)요, 한편의 주장은 진주입니다. 단계라고 주장하는 자들이 근거로 삼는 것은 박노학 집안에서 소장하고 있는 기몽(記夢)이라는 글 및 송도 하씨들이 보관하고 있는 《변무록》과 단편적이고 불분명한, 여러 전해 오는 기록들뿐입니다. 진주라고 주장하는 자들이 근거 삼는 것은 《국조방목(國朝榜目)》과 《홍재전서》 및 여러 명현이 남긴 수필입니다.

그러니 공신력(公信力) 있는 문서와 사사로운 문서 간에 경중을 비교하면 진위(眞僞)가 절로 판명됩니다. 신이 또 살펴보니 《장릉지》에는 분명히 하 충렬공의 관향이 진양(晉陽)이라고 기재되어 있었는데, 저들이 감히 판본(板本)을 몰래 긁어내고서는 단계라고 고쳐서 새겼습니다.

이에 근거하면 저 무리들이 허다하게 사적을 조작하였음을 더욱 잘 알 수 있습니다. 순조 계사년(1833, 순조33)에 하석중과 하시철 두 사람이 이 관향과 호의 문제로 다투자 고(故) 풍은부원군(豐恩府院君) 조만영(趙萬永)이 예조 판서로서 회계(回啓)하여 윤허를 받아 하시철을 형배한 일이 있는데, 준엄한 말과 올바른 의리로 이미 단안 지어진 일이니, 이에 의거하여 시행하면 사의(事宜)에 적합할 듯합니다. 하구용의 집안에서 새로 만든 사판(祠板)과 정려문에 대해서는, 한성부(漢城府)로 하여금 즉시 사판은 묻고 정려문은 부수도록 하며 안동군(安東郡)에 있는 사판을 예전대로 봉안하도록 하소서. 하낙서가 범한 죄상은 하시철보다 더하니 법부로 하여금 조율해서 처벌하도록 하는 것이 어떻겠습니까? 삼가 상주합니다."

하였는데, 받든 칙지에,

"이번에 아뢴 바는 정확하고도 명석하니, 아뢴 바는 그대로 시행하고 영원히 바꾸지 못하는 규례로 삼으라. 이전에 내린 판부는 취소하라."

하였다.

《국조인물지》(1909)

중림(朴仲林)의 호는 한석당(閑碩堂)이니 순천인(順天人)이며 목사 안생(牧使安生)의 아들이다.

어려서는 무척 효도하였으며 다 자라서는 경서에 정통하였다. 세종(世宗) 5년 계묘(癸卯 : 1423)년에 문과에 급제하고 세종(世宗) 9년 정미(丁未 : 1427)년에 중시(重試)에 합격했다. 문종께서 세자로 있을 때 중림이 보기에 작은 실수라도 반드시 지극하게 간하였다. 세종께서 집현전(集賢殿 : 조선 초에 경적, 전고, 진강 등을 관장한 관아)을 설치하니 중림이 문장과 덕행으로 선발에 응하였으니 성삼문(成三問), 하위지 (河緯之) 등이 모두 스승같이 섬겼다.

단종(端宗) 원년 계유(癸酉: 1453)년에 왕이 황보인(皇甫仁) 김종서(金宗瑞) 정분(鄭奔) 등을 부르시어,

"누가 대사헌(大司憲) 감이냐?"

고 물으시니 모두들 대답하기를,

"생각이 깊고 분잡한 것을 싫어하니 박중림 그 사람을 기용함이 마땅하다."

고 하였다. 왕이 옳게 여기시고 드디어 대사헌을 삼았다. 단종(端宗) 2년 갑술(甲戌 : 1454)년에 이조판서(吏曹判書)가 되고 세조(世祖) 원년 병자(丙子 : 1456)년에 아들 팽년(彭年)으로 더불어 단종(端宗)의 복위를 도모하다가 일이 발각되어 함께 살해 당하였다. 사형이 임박하니 여러 아들들이 흐느끼면서 말하기를,

"임금님께 충성을 하려면 부모님께 불효를 저지른다.

하니 중림이 웃으면서,

"임금께 충성을 하지 않으면 효도가 못된다."

고 말하고 드디어 죽음을 당했다.

정조(正祖) 8년 갑진(甲辰:1784)년에 좌찬성(左贊成)[40]의 증직을 내리고 시호는 문민(文忠)이다. 아들 팽년은 참판(參判 : 조선때 육조의 종이품 벼슬. 판서의 다음)이었고, 인년(引年)의 자는 귀수(龜叟)이고 호는 경춘헌(景春軒)이니 문종(文宗) 1년 신미(辛未: 1451)년에 문과에 급제하여 교리(校理)를 지냈고 기년(耆年)의 자는 송수(松叟)이고 호는 동재(東齋)이니 같은 해에 문과에 급제하여 수찬(修撰: 서책을 편집하

---

40 좌찬성 : 조선때 의정부의 종일품 벼슬

여 찬술함)이 되었고 대년(大年)의 자는 교수(喬叟)인데 병자년에 문과에 급제하여 박사(博士)[41]가 되었다.

팽년이 죽은뒤 모두들 국문을 당했다. 기년이 심신(沈慎) 봉여해(奉汝諧) 성삼고(成三顧) 최득지(崔得池)등과 의논하여 모의에 참여하고 드디어 결단하였으나 역모로 몰려 죽었다. 대년의 동생 영년(永年)의 벼슬은 정랑(正郞)이었는데 함께 죽었다.

朴仲林 國朝人物志 1 端宗朝

號閑碩堂 順天人 牧使安生子 幼而性孝 及長 精通經籍 世宗癸卯文科 丁未重試 文宗爲世子仲林 見小失必極諫 世宗置集賢殿 仲林以文章德行 應選. 成三問 河緯地 皆師事之.

端宗 癸酉 上召皇甫仁金宗瑞鄭苯 問誰可爲大司憲 對曰 宜用思慮深長 不喜紛擾者 朴仲林 其人也.

上曰 然遂以爲大司憲 甲戌爲吏曹判書 丙子與子彭年謀復上王事覺同死. 臨刑諸子泣告曰 欲忠於君 有違於孝. 仲林笑曰 事君不忠非孝也, 遂就戮. 丁卯甲辰 贈左贊成諡文愍. 子朴彭年參判 引年字龜叟號景春軒 文宗辛未文科校理. 耆年字松叟 號東齋 辛未亦文科修撰. 大年字喬叟丙子文科博士 朴彭年死俱被鞫 耆年言沈慎奉汝諧成三顧崔得池參謀遂以結黨謀逆論死. 大年弟永年官正郞同死.

---

41 박사 : 삼국시대 이후 조선 때까지 학문이나 전문기술에 종사하던 사람에게 주던 벼슬

5

묘비문(1975) : 문민공(文愍公) 한석당(閑碩堂) 박선생(朴先生) 사적비(事蹟碑)[32]

선생은 순천(順天) 박 씨, 휘(諱)는 중림(仲林), 호(號)는 한석당(閑碩堂), 시(諡)[43]는 문민(문愍), 관직(官職)은 증숭정대부좌찬성행자헌대부이조판서(贈崇政大夫左贊成行資憲大夫吏曹判書)에 이르렀다.

선생은 신라 54대 경명왕(景明王)의 제7왕자 강남대군(江南大君) 휘 언지(彦智)를 원조(遠祖)로 하고, 고려조 삼중대광공(三重大匡公) 휘 영규장군(英規將軍)을 비롯하여 정승 평양군(平陽君) 휘 간봉장군(諫鳳將軍)의 후예 보문각(寶文閣) 대제학공(大提學公) 휘 숙정(淑貞)의 증손이시고, 조고(祖考)는 가선대부공조전서공(嘉善大夫工曹典書公) 휘

---

42 원문은 한자를 노출했으나, 한글로 바꾸고 필요한 부분만 괄호 안에 한자를 병기했음.
43 시호.

원상(元象) 考는 이조 목사공(牧使公) 증자헌대부이조판서 휘 안생(安生)이시다.

선생은 세종 5년 계묘에 식년문과에 급제, 동 9년 정미에 문과중시에 급제하셨고, 일찍이 전라·경기관찰사를 지내시고 문종 2년에 공조참판으로 사은사가 되어 명나라에 다녀오셨으며, 집현전, 예문관, 수문전(修文殿) 대제학 등을 역임하셨다.

선생은 유시(幼時)부터 특히 효성이 지극하시고, 품성이 청렴결백하셔서 물욕에 탐하지 아니하시며, 도학을 닦아서 경사에 통달한 거유, 정치가로 이름이 높으셨다. 당시에 세종대왕께서 집현전을 세우시고 천하영재를 발탁하여 어진 선비들을 구하는데 선생이 여기에 뽑히시니, 조예가 총명하여 도학덕행이 탁월하시므로, 여러 학자들은 앞을 다투어 모두 사사(師事)하였고, 문하에서 매죽헌 성삼문 공 단계(丹溪) 하위지(河緯地) 공 등 훌륭한 학자를 많이 배출했다.

문종대왕이 역대 왕 중에 세자로 가장 오래 동궁에 머물러 계셨는데 잘 살펴서 사소한 잘못이라도 모든 것을 극진히 간하셨다. 세자 우정자(右正字) 인선(人選)에 조강지처를 내쫓은 사람을 천거했으므로, 선생은 이와같은 부정한 인물을 동궁에 둘 수 없다 하고 등용을 못하게 하셨다.

단종 계유(癸酉)에 국가 주석지신(柱石之臣) 지봉(芝峰) 황보인(皇甫仁) 공, 절재(節齋) 김종서(金宗瑞) 공, 애일당(愛日堂) 정분(鄭苯) 공 등 3정승이 선생을 가리켜서 말하기를 모든 일을 처리함에 있어서 신중을 기하고 부질없는 소요를 즐겨하지 않는 도학군자라 칭찬하고 대사헌에 추대하셨다.

세조 2년 병자(丙子)에 선생의 제자제(諸子弟) 및 문하생 성매죽헌(成梅竹軒)⁴⁴, 하단계(河丹溪)⁴⁵ 등 집현전(集賢殿) 여러 학사(學士)들은 선생의 영도 아래 수양대군(首陽大君)에게 왕위를 찬탈당한 단종대왕(端宗大王)의 복위(復位)를 도모하였으나 탄로되어 육신과 더불어 오자삼손(五子三孫)이 모두 연좌(連坐)되어 참화 입었다 세조(世祖)께서 친국(親鞫)을 열고 가진⁴⁶ 악형(惡刑)으로 고문(拷問)을 했으나 선생은 태연자약(泰然自若)하여 조금도 안색이 변함 없이 정의(正義)로서 불의(不義)와 맞서서 항거하여 귀중한 생명을 초개(草芥)같이 여겨 시종(始終) 굴하지 아니하시고 끝내 절의(節義)를 지켜서 순(殉)하시므로 보는 사람으로 하여금 살얼음을 디딘 듯 놀라지 않은 이가 없었다.

아! 슬프다 선생의 슬하 여러 자손들이 형장(刑場)에 연좌(緣坐)하여 이 역경(逆境)을 당하자 나라에는 충성했으나 어버이에게는 효(孝)가 어긋나므로 한스러워 망극지통(罔極之痛)을 이기지 못하여 몸둘 바를 몰랐다. 그러나 선생은 웃으시며 정연(整然)한 말씀으로 임금을 섬김에 충성하지 아니하면 이것이 곧 불효가 되느니라 하시고 마침내 극형(極刑)을 받아 순절(殉節)하시니 추상열일(秋霜烈日)같은 늠름(凜凜)

---

44 매죽헌 성삼문.
45 단계 하위지.
46 갖은

한 절의(節義)는 우리의 옷깃을 여미게 하셨다.

　왕이 국문(鞠問)을 할 때에 선생의 아드님 충정공(忠正公) 취금헌(醉琴軒)[47]을 먼저 신문(訊問)하며 참모자(參謀者)[48]가 몇 사람이냐고 물으시니 성삼문(成三問) 등 모모인(某某人)과 우리 가친(家親)이라고 하셨다. 그밖에 또 누구이냐고 물으심에 우리 아버지를 기휘(忌諱)하지 아니했는데 황차(況且) 타인(他人)을 어찌 숨기겠소? 하고 답하셨다. 그러면 이 모의를 누가 하라고 가르쳤느냐고 하자, 충정공은 정중한 말씀으로 그것은 바로 우리 가정 교훈이라고 대답하였다. 이러한 부자분의 충효관과 가훈이 얼마나 엄정했는가를 알 수 있다. 오직 선생은 숭고한 정신으로 국가사직을 위하고 살신성인으로써 이 땅에 강상(綱常)을 부식(扶植)하여 우리 고유의 정통적 사상을 고취하셨다.

　선생은 영조 15년 기미에 신원 복관하여 정조 8년 갑진에 관직을 특증(特贈)하고 근학호문(勤學好問)[49] 왈(曰) 문(文)이요 사민비상(使民悲傷)[50] 왈(曰) 민(愍)이라고 시문민(諡文愍)[51]을 내렸다. 장릉충신단(莊陵忠臣壇)과 동학숙모전(東鶴肅慕殿)에 배향하고 순천 겸천(謙天)서원에서 향사(享祀)한다.

　선생은 세조 2년 병자 6월 8일에 화를 당하셨으나 일가족이 동시에

47　박팽년 공.
48　모의에 참여한 사람들.
49　배우는 데 부지런하고 묻기를 좋아함.
50　백성으로 하여금 슬프고 마음 상하게 함.
51　시호를 문민이라 함.

모두 참화를 입었으므로 지금에 와서 그 묘소의 소재를 알 길이 없어 통한한 마음 비할 데 없다. 불초 여기에 육신사 중건과 함께 선생의 사적비를 세우니 후세 만대에 길이 빛나리라.

명(銘) 왈(曰)

　선생의 위대하신 절의문장도덕은 일월로 쟁광(爭光)[52]이요 청사(靑史)에 으뜸일세

　만고에 무쌍이라 손지공(遜志公)[53] 비(比)하릿가 肅然하게 육신전 여기에 다시 세워

　사적비를 새롭게 천추(千秋)에 밝히나니 찬란한 사적이라 그 위풍(威風) 장(壯)하도다.

단기 4310년 정사 6월 8일
후손 노천(魯千) 근찬(謹撰) 병건(竝建)[54]

52　빛을 경쟁함.
53　명나라 때 대신이자 학자인 방희직(方希直)의 호. "붓도 제대로 잡지 못하면서 안진경과 유공권이 진인(晉人)의 필법을 몰랐다며 배척하고, (중략) 공자와 맹자의 책을 열흘 간도 부지런히 읽지 않고서 정자(程子)와 주자(朱子)의 경전 주석이 잘못되었다고 지적해 분분히 따져가며 논박한다"는 말로 유명하다. 모르면 가만히 있으라는 뜻.
54　후손인 노천(魯千)이 삼가 짓고 아울러 세움.

●●● 〈대구 육신사와 한석당 박중림 선생 유적비〉

《한국민족문화대백과사전》의 '박중림' 항목

《한국민족문화대백과사전》(한국학중앙연구원, 1991) '박중림' 항목의 내용(집필자 : 이재범)

조선전기 대사헌, 예문관대제학, 집현전제학, 형조판서 등을 역임한 문신. 본관은 순천(順天). 호는 한석당(閑碩堂). 박숙정(朴淑貞)의 증손으로, 할아버지는 박원상(朴元象)이고, 아버지는 목사(牧使) 박안생(朴安生)이며, 어머니는 김휴(金休)의 딸이다. 아들이 사육신의 한 사람인 박팽년(朴彭年)이다.

1417년(태종 17) 생원시에, 1423년(세종 5) 식년 문과에 장원, 1427년 문과 중시에 을과로 급제하였다. 그해 집현전수찬(集賢殿修撰), 1428년 시강원보덕(侍講院輔德), 그 뒤 사간 승지 등을 차례로 역임하였다. 1442년 전라도관찰사, 1451년(문종 1) 경기도관찰사 등 외직으로 나갔다가 1452년(단종 즉위년) 내직으로 돌아와 공조참판이 되었다. 그 해 사은부사(謝恩副使)로 명나라에 다녀온 뒤 수문전대제학(修文殿大提學)이 되었다. 이어서 청렴하고 강직한 성격이 널리 알려져 당시 정승인 황보인(皇甫仁)·김종서(金宗瑞)·정분(鄭芬) 등의 추천으로 대사헌이 되었다. 이듬해인 1453년 예문관대제학 공조판서 겸 집현전제학을 거쳐 형조판서가 되었다. 대사헌과 형조판서로 있을 때에는 국법 집행이 엄정하기로 이름이 높았다.

 1455년(세조 1) 세조가 어린 조카인 단종의 왕위를 빼앗아 차지하자 크게 통분해 벼슬을 내놓겠다는 뜻을 밝히고 조정에 나가지 않았다. 이에 세조는 박중림에게 이조판서를 주어 회유했으나 끝내 사양하였다. 세조는 노해 박중림을 한직인 지중추원사(知中樞院事)에 임명하였다.

 그러나 세조 찬위(簒位 : 왕위 자리를 빼앗음)에 크게 통한을 품어오던 박중림은 아들 박팽년과 박중림의 가르침을 받은 성삼문(成三問) 하위지(河緯地) 등 집현전 학사들이 중심이 되어 은밀히 추진하던 단종복위운동에 가담하였다.

 그러나 김질(金礩)의 밀고로 실패로 돌아가자 박중림도 사육신과 함께 잡혀 그 달 8일에 모두 군기감(軍器監) 앞길에서 능지처사(凌遲處死) 당하고 아들 박인년(朴引年) 박기년(朴耆年) 박대년(朴大年) 등도 처형되었다.

 그 뒤 1739년(영조 15) 신원(伸冤)되어 옛 관작이 회복되었으며,

1784년(정조 8) 예조판서 엄숙(嚴璹)의 상소에 따라 벼슬을 높여 좌찬성(左贊成)에 증직되었다. 1791년 단종 충신으로 뽑혀 어정배식록(御定配食錄)에 등재되었다. 장릉(莊陵:단종의 능)의 충신단(忠臣壇) 정단(正壇)에 배향되고, 공주의 동학사 숙모전(肅慕殿)에 제향되었다. 시호는 문민(文愍)이다.

7

박중림이 제수받은 관직 목록

(1) 태종 6년(1406) 5월 4일 : 권지 직장(權知直長)(이미 임명되어 있는 상태)

(2) 세종 5년(1423) 3월 29일 : 인수부 승(仁壽府丞)

(3) 세종 17년(1435) 6월 8일 : 세자 우보덕(世子右輔德)(이미 임명되어 있는 상태)

(4) 세종 20년(1438) 9월 12일 : 좌사간 대부(左司諫大夫)

(5) 세종 23년(1441) 11월 2일 : 좌사간 대부(左司諫大夫)

(6) 세종 24년(1442) 12월 7일 : 첨지중추원사(僉知中樞院事)

(7) 세종 27년(1445) 3월 24일 : 첨지중추원사

(8) 세종 27년(1445) 4월 25일 : 병조 참의

(9) 세종 27년(1445) 6월 15일 : 승정원 우승지

(10) 세종 28년(1446) 11월 4일 : 승정원 좌승지(이미 임명되어 있는

상태)

(12) 세종 28년(1446) 12월 2일 : 좌승지 파면

(13) 세종 29년(1447) 4월 5일 : 직첩 회수 및 여산으로 유배

(14) 세종 30년(1448) 4월 29일 : 직첩 반환

(15) 세종 30년(1448) 7월 1일 : 공조 참의(工曹參議)

(16) 세종 31년(1449) 1월 5일 : 병조 참판

(17) 세종 31년(1449) 12월 26일 : 경기 도관찰사(京畿都觀察使)

(18) 문종 2년(1452) 2월 3일 : 공조 참판(工曹參判)

(19) 문종 2년(1452) 2월 20일 : 공조 참판(工曹參判)

(20) 단종 즉위년(1452) 5월 22일 : 명나라 사은사(謝恩使)

(21) 단종 즉위년(1452) 7월 2일 : 호조 참판

(22) 단종 즉위년(1452) 12월 11일 : 호조 참판

(23) 단종 1년(1453) 7월 1일 : 호조 참판

(24) 단종 1년(1452) 7월 28일 : 사헌부 대사헌(司憲府大司憲)

(25) 단종 1년(1452) 10월 11일 : 호조 참판(戶曹參判)

(26) 단종 1년(1452) 10월 15일 : 형조 판서(刑曹判書)

(27) 단종 1년(1452) 11월 8일 : 공조 판서(工曹判書)

(28) 단종 3년(1455) 2월 26일 : 중추원사(中樞院使)

(29) 세조 1년(1455) 8월 19일 : 동지중추원사(同知中樞院事)

(30) 세조 2년(1456) 3월 8일 : 지중추원사(知中樞院事)

(31) 세조 2년(1456) 5월 18일 : 예문관 대제학(藝文館大提學)

(32) (사후) 영조 15년(1739) 신원(伸寃) 복관(復官)

(33) (사후) 정조 8(1784) 증의정부좌찬성(贈議政府左贊成)

박팽년의 아버지, 박중림

초판 발행 2022년 6월 8일

저 자 · 박원경·이복규 공저
발행인 · 박원경

펴낸곳 · 중림출판사
주 소 · 서울 중구 새문안로 32 동양빌딩 5층
전 화 · (010) 6353-0224

등 록 · 2017년 1월 10일 제2017-000009호
ISBN 979-11--979019-0-4

· 책값은 뒤표지에 있습니다.